METAMORFOSES
uma investigação sobre **FRANZ KAFKA**

KAROLINA WATROBA

Tradução
Rafael Rocca

CRÍTICA

Copyright © Karolina Watroba, 2024
Copyright © Editora Planeta do Brasil, 2024
Copyright da tradução © Rafael Rocca, 2024
Todos os direitos reservados.
Título original: *Metamorphoses: in Search of Franz Kafka*

Coordenação editorial: Sandra Espilotro
Preparação: Fernanda Guerriero Antunes
Revisão: Ana Maria Fiorini e Ligia Alves
Diagramação: Negrito Produção Editorial
Capa: Isabella Teixeira
Imagem de capa: Jiří Votruba

Dados Internacionais de Catalogação na Publicação (CIP)
Angélica Ilacqua CRB-8/7057

Watroba, Karolina
  Metamorfoses: uma investigação sobre Franz Kafka / Karolina Watroba; tradução de Rafael Rocca. - São Paulo: Planeta do Brasil, 2024.
  192 p.

ISBN 978-85-422-2869-4
Título original: Metamorphoses: in Search of Franz Kafka

1. Kafka, Franz, 1883-1924 - Crítica e interpretação I. Título II. Rocca, Rafael

24-3745   CDD 809

Índice para catálogo sistemático:
1. Kafka, Franz, 1883-1924 - Crítica e interpretação

Ao escolher este livro, você está apoiando o manejo responsável das florestas do mundo

2024
Todos os direitos desta edição reservados à
EDITORA PLANETA DO BRASIL LTDA.
Rua Bela Cintra, 986, 4º andar – Consolação
São Paulo – SP – CEP 01415-002
www.planetadelivros.com.br
faleconosco@editoraplaneta.com.br

SUMÁRIO

Prólogo – O que faz de Kafka Kafka 5

1. Oxford – O Kafka inglês 11
   Migrações 11
   Trancada fora da biblioteca 14
   Os manuscritos de Kafka 17
   Precioso como um papiro 19
   Leitura pandêmica 23
   Kafka e o coronavírus 27
   Kafka e o Brexit 30

2. Berlim – O Kafka alemão 35
   Siegfried não entende 35
   Mais alguém não entende 37
   Então você quer que as pessoas saibam que Kafka escreveu em alemão? 40
   Um conto de muitas placas 44
   Cavaleiro de circo sobre dois cavalos 47
   Uma educação alemã 52
   Num trem por terras alemãs 54
   Viena e Berlim 57
   A boneca de Kafka 60
   Leitores em espera 62

3. Praga – O Kafka tcheco 67
   No Kafkorium 67

Transformações e retransformações 70
"Deem-lhe um visto permanente!"............................. 74
O retorno de Kafka 77
Do Café Louvre ao Café Slavia 81
A descoberta e a ponte..................................... 86
Pai e filho 88
Outro filho, outro pai 92
O veredicto dos leitores.................................... 94
Conto sem fim 98
Percorri um longo caminho para achar um substituto ruim para
a sua companhia 102

4. Jerusalém – O Kafka judeu......................... 105
   O Kafka de leitores judeus................................ 105
   Kafka e o sionismo 107
   A judeidade de Kafka..................................... 110
   Do ídiche ao hebraico 113
   Os cadernos hebraicos 116
   O caderno hebraico 119
   Escrevendo o corpo 122
   Lendo processos.. 126
   Seguindo viagem 129
   O que está em jogo em viagens 132

5. Seul – O Kafka asiático............................. 135
   Kafka chega ao Leste Asiático 135
   Um urso-polar lê Kafka 138
   A artista animal e sua mensagem 141
   A mensagem de Kafka chega à Coreia 144
   Um "escritor de escritores"................................ 148
   A onda kafkiana coreana?................................. 151
   Kafka, o feminista 154
   Milena, Milena, em êxtase 158
   Coreano-mongol-alemão-tcheco 163

Coda – Kafka na nuvem................................... 169

Notas 179

Agradecimentos 191

PRÓLOGO
O QUE FAZ DE KAFKA KAFKA

A vida de Franz Kafka é, ao mesmo tempo, muito fácil e muito difícil de resumir. É fácil porque foi curta: ele nasceu em 1883 e morreu em 1924, portanto viveu quarenta anos mais ou menos; passou a maior parte dela num só lugar (o centro de Praga); e teve um único emprego – na área do direito securitário. Sua saúde era ruim, nunca se casou ou constituiu família, não viajou muito, jamais saiu da Europa e não foi para a guerra. Em contrapartida, a vida de Kafka não pode ser resumida assim tão facilmente. As nossas ideias comuns a respeito de identidades nacional, étnica, religiosa e linguística, por exemplo, não lhe fazem justiça, e por isso ele é designado por algo diferente em cada sinopse biográfica que se encontra – alemão, austríaco, tcheco, judeu e diversas combinações resultantes disso. Apesar de sua solteirice, grande parte passada em Praga, ele conseguiu desenvolver relações significativas com quatro mulheres de quatro cidades diferentes e em quatro países diferentes. Muitas vezes, também fantasiava viajar ou mesmo se mudar em definitivo, e tinha interesse em aprender sobre outros lugares e culturas, o que deu à sua vida um horizonte intelectual bem mais amplo do que poderia parecer à primeira vista.

Além disso, por mais mundanos que tenham sido muitos dos acontecimentos de sua vida, Kafka anotava-os em inúmeros cadernos, diários e cartas, dos quais milhares de páginas sobreviveram. Um registro dos conflitos com a família, sobretudo com o pai, das amizades, dos livros que leu, das peças de teatro a que assistiu, das línguas que aprendeu, dos sonhos que teve, da comida que comeu; suas doenças, medos, ansiedades, esperanças, aquilo de que gostava; o que ele disse ou fez a outras pessoas, coisas tanto gentis quanto rudes. Isso tudo, junto com a quase inimaginável quantidade de trabalhos acadêmicos que estudaram e continuam a estudar quase todas as facetas de sua vida – desde primos distantes a aventuras sexuais e de problemas digestivos à marca de escova de cabelo que usava –, dá-nos uma visão de uma abrangência extraordinária da vida desse homem que morreu há cem anos.

Contudo, a profundidade e a amplitude da nossa obsessão coletiva por esse Kafka são tamanhas que nem sempre paramos para pensar *por que* nos interessamos tanto por ele. A resposta pode parecer óbvia. Em seus cadernos, espalhados entre anotações sobre o que o seu chefe disse no trabalho e onde fez um passeio noturno, Kafka escreveu inúmeras histórias e fragmentos literários, incluindo três romances inacabados. *A metamorfose*, *O veredicto*, *O processo* e *O castelo* estão entre as obras mais famosas e reconhecíveis de Kafka, mas também do século XX, do cânone literário alemão – talvez de toda a literatura mundial de todos os tempos. Algumas delas foram publicadas durante sua vida; a maioria não foi. Alguns dos primeiros leitores, relativamente poucos, que se depararam com as suas obras enquanto ele as escrevia – a grande maioria nos dez anos entre 1912 e 1922, quando ele tinha trinta e poucos anos – ficaram profundamente impressionados. O principal deles foi seu melhor amigo e, mais tarde, primeiro editor, Max Brod, que desde cedo nutriu uma crença inabalável no gênio literário de Franz Kafka.

Pode parecer óbvio, então, de onde vem nossa obsessão pela vida de Kafka, aquilo que dá ensejo a suas inúmeras biografias. Queremos saber o que fez de Kafka Kafka. No entanto, embora o ambiente cultural, o contexto histórico e as experiências pessoais que moldaram a sua vida tenham influenciado a escrita de Kafka de inúmeras maneiras – como veremos nas páginas que seguem –, há também outra parte nessa história, uma que não é contada com a mesma frequência. Para compreender como Kafka se tornou Kafka, não podemos parar em 1924, o ano de sua morte, ponto em que a maioria das biografias termina. Para obter o *status* que acabou conquistando, Kafka precisava de leitores. Leitores que compartilhariam da crença de Brod em seus dons extraordinários. Quase todos esses leitores só colocaram as mãos nos seus livros depois da sua morte, muitos deles em tradução. Como isso aconteceu? Quem eram alguns desses leitores e como impactaram a sua fama literária? Por que os escritos de Kafka ecoaram em tantas pessoas, em tantos lugares, em tantos momentos? Por que continuamos lendo Kafka hoje? E o que podemos aprender a respeito de literatura, e sobre nós mesmos, a espécie que tanto se preocupa com ela, contando a história de Kafka desta forma: por meio das histórias dos seus leitores em todo o mundo ao longo do século passado?

Para responder a essas perguntas, viajei no tempo e no espaço seguindo as pegadas de dezenas de leitores de Kafka: desde um aristocrata britânico que se tornou um estudioso se debruçando sobre os escritos de Kafka nas entranhas de um cofre de banco suíço até leitores comuns de todos os cantos do mundo que deixaram bilhetes no túmulo de Kafka em Praga; desde um veterano de guerra de Berlim que sobreviveu à vida nas trincheiras, mas que se sentiu derrotado pelo conto enigmático e recém-publicado *A metamorfose* até uma escritora coreana moderna que transformou o kafkiano em um manifesto feminista vencedor do Man Booker Prize internacional um século mais tarde.

Nesse processo, abordei minha questão norteadora – o que fez de Kafka Kafka? – de muitos ângulos diferentes. Por um lado, certamente ajudou o fato de ele ser um homem europeu bem-educado que escrevia em alemão, uma língua com muitos falantes e bastante prestígio cultural. Isso significava que, apesar dos preconceitos muito reais que enfrentou como judeu, seus livros ainda tiveram uma vantagem relativa por alcançar um amplo público leitor: ele foi capaz de acessar lugares para publicar, redes de tradução e círculos culturais, com alcance internacional, que popularizaram suas obras antes e depois de sua morte. Inúmeros exemplos de tais "tecnologias de reconhecimento", para usar a expressão da teórica literária Shu-mei Shih, estiveram em funcionamento durante a vida de Kafka e após sua morte, e serão discutidos nos capítulos a seguir.

Por outro lado, muitos homens europeus, bem-educados e de língua alemã também escreveram grandes quantidades de textos ao longo dos séculos e, no entanto, nunca alcançaram o tipo de reconhecimento global que Kafka conseguiu. Parte disso se deveu ao puro acaso. Nos Capítulos 1 e 2, conto a história de vários manuscritos de Kafka: alguns foram queimados, perdidos ou confiscados; outros, *quase* queimados, perdidos ou confiscados. O destino desses papéis muitas vezes dependeu das decisões e das ações de indivíduos. E outros tipos de acaso também estavam em jogo. O nome "Kafka", com suas brevidade, simetria agradável e facilidade de pronúncia em muitas línguas – para não falar do significado bastante atraente em tcheco –, revelou-se uma vantagem de marketing inesperada em diversos momentos da vida de Kafka e além, conforme veremos nos Capítulos 3 e 5. Seu nome deu origem até a um adjetivo popular, usado em todos os lugares, desde as contracapas de um sem-número de ficções literárias até as páginas do *Daily Mail*, com exemplos discutidos no Capítulo 4 e por todo o livro.

Mas "e quanto ao valor estético intrínseco de suas obras?", você pode estar se perguntando. Era importante, claro, mas talvez não exatamente da forma como se poderia esperar. Como veremos, muitos dos primeiros leitores de Kafka, até mesmo críticos literários altamente qualificados e judeus bem-educados de língua alemã que compartilhavam grande parte da formação de Kafka, ficaram intrigados com seus textos. Alguns os acharam difíceis e frustrantes; outros os compararam a livros de autores contemporâneos, muitos dos quais hoje estão quase esquecidos por completo. Dado esse contexto, seria difícil afirmar que as obras de Kafka anunciavam a chegada de uma qualidade literária absolutamente nova, objetivamente única e universalmente convincente. E, ainda assim, com o tempo, à medida que a literatura do início do século XX – a literatura da modernidade – se tornava algo do passado, Kafka foi elevado à condição de um dos seus santos padroeiros, ao lado de nomes como Joyce, Proust e Woolf. Abordo o *status* de Kafka como ícone modernista e mostro em detalhes o funcionamento de sua técnica literária em várias passagens deste livro.

No entanto, proclamar o valor estético de um texto escrito é um exercício teórico estranhamente insatisfatório. Experimentá-lo na prática não é apenas muito mais agradável – é também a base de qualquer teoria que seja convincente. É por isso que, ao longo destas páginas, não apenas explico o que são e como são os escritos de Kafka, mas também mostro o que eles significaram para numerosos leitores, quase sempre muito diferentes de mim. Aqui, os fatores mais tangíveis – a posição social de Kafka, os felizes acidentes que ajudaram seu trabalho, os mecanismos pelos quais os cânones literários são formados, as características distintivas de sua escrita – são explicados e ponderados, porém ainda há algo mais a explorar. Um leitor e um livro: a alquimia de um encontro. *Metamorfoses: uma investigação sobre Franz Kafka* é, em última análise, sobre por que Kafka é importante – e, de modo mais amplo, o que a literatura faz para nós e por nós.

O próprio Kafka era bem consciente desse misterioso poder que livros e escritores podem exercer sobre os seus leitores. Ao longo de toda a sua vida, ele teve um talento especial para sentenças surpreendentes, concisas e aforísticas, mesmo que precisassem ser dolorosamente arrancadas à agonia do bloqueio criativo. Mais tarde, Brod afirmaria que Kafka nunca escreveu uma "única linha", nem uma "única palavra", nem mesmo quando redigia uma breve nota casual para um amigo, que não fosse "infundida com um encanto mágico e especial". Isso é claramente um exagero, mas muitas dessas frases podem ser lidas, também, sobre o tema da leitura. Em 1903, Kafka, com 20 anos, escreve a um amigo: "Alguns livros são como uma chave para salas desconhecidas em nosso próprio castelo". Na época, ele estava lendo o místico medieval Meister Eckhart. Um ano depois: "Um livro deve ser o machado para o mar congelado dentro de nós". Dessa vez, estava absorto nos diários de Friedrich Hebbel, um dramaturgo do século XIX. E então, em 1915, Kafka escreve em seu diário sobre o dramaturgo sueco August Strindberg: "Não o leio para lê-lo, mas para me deitar sobre seu peito".

Conscientemente ou não, ao longo dos anos, muitos leitores seguiram a sugestão do próprio Kafka e se ligaram à escrita dele da maneira como ele imaginou em alguns dos seus mais preciosos momentos enquanto leitor. Os livros de Kafka funcionam como um ponto de acesso à exploração dos recantos ocultos do sentido de identidade em muitos leitores – "uma chave para salas desconhecidas em nosso próprio castelo"; como uma ferramenta para uma ruptura surpreendente e violenta na existência impensada ou insensível – "o machado para o mar congelado dentro de nós"; e como um abraço íntimo e carinhoso – o peito sobre o qual é possível se deitar. Agora, conheçamos alguns desses leitores e deixemos que guiem nossa exploração da obra e da vida de Kafka e além.

1
OXFORD
O Kafka inglês

Migrações

Uma noite, eu jantava com colegas e acabei conversando com uma professora visitante de História Medieval dos Estados Unidos, que me perguntou no que eu estava trabalhando. "Um livro sobre Franz Kafka", eu respondi. Ela sabia quem ele era: um escritor fantasticamente influente, um judeu de língua alemã que viveu há cem anos em Praga, cuja língua predominante era o tcheco, autor de clássicos modernistas como *O processo*, *O castelo* e *A metamorfose*, muitas vezes descritos como livros atmosféricos e enigmáticos sobre burocratas inescrutáveis, tribunais misteriosos e protagonistas aprisionados chamados "Josef K." ou simplesmente "K.".

"Estou tentando compreender Kafka por meio das histórias de seus leitores", expliquei à minha comensal. "Que fascinante", respondeu. Ela tinha feito um curso sobre Kafka na faculdade e adorado a escrita dele. Havia, porém, algo que eu deveria explicar em meu livro, ela acrescentou de imediato: quão *engraçado* Kafka é. Ela achava que as pessoas o levam muito a sério; perdem o humor satírico, sombrio e autodepreciativo dos judeus da Europa Central na virada do século XX. Aquela professora percebia isso porque fora criada assim: as famílias de seus pais eram de judeus da Europa Central que fugiram da perseguição nazista para os Estados Unidos. Na realidade, acrescentou ela com certa timidez, será que eu sabia que ela mesma era parente distante de Kafka? A cunhada da sua bisavó era prima em segundo grau de Kafka – próxima o bastante para ter ido ao seu funeral há quase um século.

Lá estava eu, comendo risoto de cogumelos no refeitório de uma faculdade de Oxford, ao lado de uma mulher cujos parentes haviam assistido ao funeral de Kafka fazia cem anos. Raramente me senti mais próxima dele – e do misterioso mecanismo que é a afinidade cultural. Os livros têm o poder de nos emocionar e de nos unir de maneiras inesperadas. Para a minha companheira de jantar, as obras de Kafka capturavam e preservavam o humor torto que é central para a forma como ela pensava sobre a própria família – sua história e sua sobrevivência diante das grandes catástrofes do século XX. Para mim, Kafka rapidamente se tornava uma estranha obsessão.

A princípio parecia um interesse perfeitamente comum para uma estudiosa da literatura alemã. Afinal de contas, Kafka foi um dos escritores de língua alemã mais famosos de todos os tempos, se não *o* mais famoso. E, ainda assim, minha ligação com ele parecia especial. Eu não era judia, mas, se tivesse nascido na época dele, Kafka e eu teríamos sido compatriotas. Assim como Praga no século XIX e no início do século XX, minha cidade natal, Cracóvia, ficava no extremo norte do Império Austro-Húngaro. Eu nasci mais de cem anos depois dele, muito à frente da dissolução do Império Habsburgo – e, ainda assim, éramos como vizinhos: agora eu moro e trabalho em Oxford, bem ao lado da Biblioteca Bodleian, que abriga a maioria dos manuscritos remanescentes de Kafka. Na Inglaterra do pós-Brexit, com todo o papo sobre tornar a Inglaterra grande de novo, a hostilidade contra os imigrantes e etnias e grupos religiosos não dominantes, e tendo o governo tirado a prioridade do ensino de línguas e de culturas estrangeiras nas escolas e nas universidades, é difícil não ter a sensação de que nenhum de nós faz muito sentido aqui.

Este livro é a minha tentativa de extirpar essa sensação de uma vez por todas e mostrar como podemos escrever história cultural de modo a incluir em vez de excluir; como podemos priorizar as interações e as sobreposições entre culturas em vez de pintar um quadro de culturas separadas e trajetórias nacionais desconexas; e como podemos prestar atenção às maneiras pelas quais livros de tempos e de lugares distantes ganham vida nas mãos de leitores individuais. A forma como pensamos a história da literatura muda se começamos a pensar nos livros e em seus autores como pertencentes a leitores, e não a nações – para além das fronteiras do espaço, do tempo e da língua.

Por um lado, isso me escusa de não começar estas páginas contando sobre o nascimento de Kafka no verão de 1883, em Praga. Chegarei a Praga num capítulo posterior, mas primeiro me deixe explicar por que razão não creio que possamos – ou devamos – pular direto para a vida de Kafka. No modelo de história literária que quero partilhar, que os estudiosos por vezes chamam de estudo da recepção, a leitura é sempre uma relação entre um livro e o seu leitor. O leitor deve primeiro refletir sobre a sua própria posição e a sua identidade; caso contrário, seus pressupostos não examinados e suas experiências anteriores – tanto de vida como de literatura – podem obscurecer sua relação com o livro. Por outro lado, isso não significa que a identidade do leitor seja um obstáculo para seu envolvimento com o livro. Como veremos várias vezes, e como já vimos pela minha companheira de jantar, uma avaliação séria da origem dos leitores – tanto literal como figurativamente – pode nos ajudar a ver com muito mais clareza por que e como os livros são importantes.

Começo por onde devo – bem onde estou, com uma fileira organizada de livros de Kafka disposta na estante atrás de mim: meus estudos em Oxford, quase dez anos depois de ter chegado aqui vinda de Cracóvia, uma cidade polonesa cerca de 400 quilômetros a leste de Praga.

Com toda a ansiedade de uma estudante e imigrante recém-formada, rapidamente enchi minha agenda com os eventos acadêmicos daquele mês de outubro. O maior deles foi realizado no Teatro Sheldonian, onde eu acabara de me matricular como aluna do primeiro ano de Literatura Alemã. Oxford celebrava a compra conjunta – com o Arquivo de Literatura Alemã em Marbach – de uma coleção de cartas e cartões-postais que Franz havia escrito à sua irmã favorita, Ottilie, conhecida como Ottla. Uma palestra acadêmica e uma leitura de *Kafka's Dick*, peça irreverente de Alan Bennett em que Kafka visita um casal de Yorkshire, acompanharam a exposição das cartas recém-adquiridas. Outros manuscritos de Kafka de propriedade da Biblioteca Bodleian também estavam em exibição: dois de seus três romances, *O desaparecido* (também conhecido como *América*) e *O castelo*, bem como *A metamorfose*, a história mais famosa de Kafka, que foi uma das minhas leituras obrigatórias naquele ano.

Andando sob a Ponte dos Suspiros em uma manhã fresca de outono, levando nas mãos meu exemplar de *A metamorfose*, a caminho de dar uma espiada naqueles preciosos manuscritos através de uma caixa de vidro em uma das maiores e mais antigas bibliotecas do mundo, eu tinha muitas perguntas. Como é que eu, uma adolescente polonesa apaixonada por livros e línguas estrangeiras, mas sem nenhum conhecido na Inglaterra, vim parar aqui? E o mais importante: como é que os manuscritos de alguns dos livros mais famosos do século XX, escritos por Kafka em alemão, em Praga, não muito longe do lugar de onde vim, e também sem nenhuma ligação óbvia com a Inglaterra, acabaram aqui? Em outras palavras: por que Oxford tinha tantos manuscritos de Kafka? E por que exatamente as pessoas despendiam tanta atenção – e dinheiro – em pedaços velhos de papel quando qualquer um que de fato quisesse lê-los poderia comprar uma edição moderna impecável? Essa reverência por objetos antigos que outrora pertenceram a alguém importante lembrava a devoção com que os crentes se aproximavam de relíquias religiosas, e, como eu tinha acabado de me revoltar contra a Igreja Católica, era impossível isso não me deixar pê da vida.

O que já estava claro na época, porém, era que a escrita de Kafka era realmente muito especial, diferente de tudo que eu já tinha lido antes. Sua força magnética – seu misterioso domínio sobre tantos leitores – ficou evidente quando vi o grande público reunido no Sheldonian. Gerações de acadêmicos e de críticos se esforçaram para responder o que torna Kafka único e, no entanto – como acontece com todos os grandes escritores –, não pareciam tê-la esgotado. Levei algum tempo, mas agora – uma década mais tarde e depois de muitas horas quebrando a cabeça, debruçada sobre os textos oníricos de Kafka sob as torres oníricas de Oxford – estou pronta para voltar a essa questão e àquele dia especial no Sheldonian.

Trancada fora da biblioteca

Com o passar dos anos, descobri que a melhor maneira de compreender um escritor é entender seus leitores. À medida que o centenário da morte de Kafka, em 1924, se aproxima, leitores de todo o mundo recorrerão a seus livros ou os lerão pela primeira vez. Quero conhecê-los – e não apenas os acadêmicos. Quero encontrar livros, filmes e peças em várias línguas que atualizem Kafka para o século XXI, tal como Alan Bennett fez com *Kafka's Dick* na década de 1980. Quero escutar as pessoas em clubes de leitura discutindo seus textos, ler resenhas em blogs pessoais, visitar museus que contam a história de Kafka um século depois da sua morte e ler os bilhetes deixados por seus leitores em seu túmulo em Praga.

Elaborei esse plano no início de 2020. Contudo, todos sabemos o que veio a seguir: a pandemia global de covid-19. Por mais de um ano, eu não sairia de Oxford. Estou aqui, no mesmo lugar em que me vi pela primeira vez, pensando nos escritos de Kafka. Mas, numa reviravolta bastante kafkiana, quando decidi que era hora de ir à Bodleian examinar de perto os lendários manuscritos de Kafka pela primeira vez durante a minha década em Oxford, entramos num confinamento nacional. Os portões da biblioteca se fecharam. Não estou autorizada a entrar.

Felizmente, não vivo em nenhum dos contos apavorantes de Kafka, e 2020 logo nos ensina que podemos encontrar novas formas de acessar coisas que parecem inacessíveis. No final de março, a Bodleian organiza um webinar sobre conservação de museus e os manuscritos de Kafka. Eu me inscrevo e logo me vejo sentada em frente ao meu notebook, apenas uma pessoa em uma plateia de algumas centenas de pessoas, olhando fotos em alta resolução dos manuscritos de Kafka e ouvindo Fiona McLees, a restauradora que está trabalhando nessas "peças de celebridade" – como ela os chama – nos últimos anos. Descobrimos que apenas duas ou três pessoas por ano têm acesso aos manuscritos e que, de fato, a biblioteca não recebe muitos pedidos para vê-los. Independentemente disso, os curadores têm um cuidado carinhoso com os manuscritos num esforço de preservar o papel frágil dos discretos cadernos *in-octavo* e *in-quarto* que Kafka costumava usar para escrever e outros maços de páginas manuscritas.

Ao ouvir McLees, fico impressionada com um ponto em particular: ela não sabe alemão e por isso não consegue ler os manuscritos; no entanto, a sua vida profissional é dedicada a garantir que esses documentos sobrevivam. Quão estranhamente apropriado para um escritor visto por muitos como o símbolo da inescrutabilidade literária, um escritor de enigmas: a única pessoa cujo trabalho é olhar para os seus manuscritos literalmente não os consegue ler.

Em sua palestra, McLees cita longamente um artigo de Philip Larkin – aqui na condição de bibliotecário, não de poeta. Um dos termos de Larkin em que McLees está particularmente interessada é o "valor mágico" de um manuscrito. "Todos os manuscritos literários têm dois tipos de valor: o que pode ser chamado de valor mágico e o valor significativo", disse Larkin num artigo apresentado ao Grupo de Manuscritos da Conferência Permanente de Bibliotecas Nacionais e Universitárias, em 1979. "O valor mágico é o mais antigo e universal: este é o papel em que [o escritor] escreveu, estas são as palavras tal como ele as escreveu, surgindo pela primeira vez com esta combinação milagrosa e particular."

Como diz McLees: "Manusear os manuscritos tão intimamente nos dá uma noção – talvez imaginária – da pessoa que os produziu". Parece nos aproximar do mistério da criação literária. Afinal, eu não estava tão longe quando pensei, vendo pela primeira vez os manuscritos de Kafka, que eram exibidos como relíquias religiosas. Há muito se discute que, no século XX, a arte se tornou uma forma de religião secular. Os leitores chegam a valorizar os manuscritos da mesma maneira que os católicos valorizam as relíquias dos santos. Decerto, a própria McLees não evita usar linguagem religiosa quando fala sobre os manuscritos. Ela descreve uma linha de costura partida em um dos cadernos de Kafka como uma "relíquia preciosa" e, embora admita que pode parecer "absurdo", depois fala novamente de "relíquias", "adoração" e "objetos sagrados".

Andrew Motion glosou a teoria do valor de Larkin ao falar de uma "emoção primitiva e visceral" que se sente quando se é confrontado com um manuscrito produzido por um autor famoso. Mas Larkin – como McLees – não para por aí. Aqui, outro tipo de valor também está em jogo: o "valor significativo", que é "de origem muito mais recente e significa o grau até o qual um manuscrito ajuda a ampliar nosso conhecimento e nossa compreensão sobre a vida e a obra de um escritor", escreve Larkin. "Um manuscrito pode mostrar as supressões, as substituições, as mudanças em direção à forma final e ao significado final. Um caderno, simplesmente por ser uma sequência fixa de páginas, pode fornecer evidências cronológicas. Obras não publicadas, obras inacabadas, até mesmo anotações sobre obras não escritas, tudo isso contribui para nosso conhecimento das intenções de um escritor; suas cartas e diários aumentam o que sabemos sobre a sua vida e as circunstâncias em que escreveu." Kafka é um exemplo disso, como Malcolm Pasley, o editor-chefe da primeira edição crítica de seus escritos – baseada em um extenso estudo dos manuscritos –, demonstrou de forma memorável.

Os manuscritos de Kafka

O romance mais famoso de Kafka, *O processo*, conta a história enigmática de Josef K., um homem preso e processado por um tribunal enigmático por um crime cuja natureza nunca é esclarecida ao leitor – ou, ao que parece, nem mesmo para o próprio Josef K. Para Umberto Eco, *O processo* é um exemplo paradigmático de obra literária "aberta" – a que precisa ser construída por seus leitores tanto quanto por seu autor. Malcolm Pasley é um caso extremo de leitor ativo, um leitor que, por meio de seu trabalho editorial, influenciaria inúmeros leitores futuros. Em *"Der Process* de Kafka: o que o manuscrito pode nos dizer", uma palestra proferida em Oxford em 1990, ele relatou seu estudo íntimo do manuscrito de *O processo* no final da década de 1980, quando ainda era guardado nas "entranhas mal iluminadas de um banco de Zurique", onde teve de trabalhar "sob o olhar de sua dona" – Esther Hoffe, uma mulher que se viu na posse dos papéis de Kafka como resultado de um processo quase tão misterioso quanto o próprio *Der Process*. Ao contrário do português, a palavra alemã que dá título ao romance significa tanto "julgamento" quanto "processo". Essa é uma das grandes revelações feitas aos alunos de graduação quando estudam o romance no original: ela abre uma série de novos caminhos interpretativos, sugerindo que aquela não é apenas a história de um julgamento, mas também do processo de escrita em si, de contar histórias.

Pasley trabalhou muito para avolumar essa ideia. Examinando de perto as páginas individuais do manuscrito, não muito diferente de um investigador contratado por um tribunal desconhecido, ele foi capaz de reconstruir uma quantidade surpreendente de informações sobre o notoriamente complicado processo de escrita de Kafka. Kafka nunca terminou o trabalho em *O processo*, muito menos publicou o romance; tudo o que ele deixou foram "cerca de 160 folhas soltas" (Pasley as contou), as quais não estavam organizadas em uma ordem determinada. Algumas delas formavam capítulos mais longos e coerentes; outras eram apenas as linhas iniciais de seções mais longas e inacabadas. Será que os editores da obra de Kafka – ou mesmo leitores individuais – teriam de decidir por si próprios em que ordem as colocariam? Na década de 1990, uma pequena editora germano-suíça elaborou uma edição não convencional do romance: dezesseis capítulos em maços soltos colocados em uma caixa, para serem organizados e reorganizados pelo próprio leitor.

O que interessou Pasley, porém, foi o fato de Kafka originalmente ter escrito *O processo* em uma série de cadernos e só mais tarde tê-los desmontado. "Por que ele fez isso? Enigma nº 1", escreve Pasley. Examinando atentamente as folhas soltas, ele notou que quase todas elas tinham marcas-d'água e – o que é mais importante – que "a posição da marca-d'água variava de caderno para caderno e de livro para livro". Essa descoberta e uma série de comparações cruzadas com outros manuscritos mantidos em Oxford permitiram a Pasley verificar que várias seções de *O processo* haviam sido escritas em cadernos contendo outros rascunhos. Kafka precisava desmontá-los para poder reunir todos os pedaços de seu romance num só lugar. Enigma nº 1 resolvido.

No entanto, havia o enigma nº 2: em que ordem Kafka escreveu as diferentes seções de *O processo* espalhadas por aqueles vários cadernos? Para responder a essa questão, Pasley decidiu examinar outra característica do manuscrito que estava ausente das edições impressas: o tamanho da caligrafia de Kafka, que "sofreu uma mudança marcante durante os cerca de cinco meses em que ele esteve envolvido com *Der Process*". Era necessária uma nova contagem.

Pasley estabeleceu que, nos dois anos antes de Kafka começar a trabalhar em *O processo*, ele escrevia cerca de 200 palavras em média em cada página de seus cadernos, que tinham o tamanho padrão. Nos sete anos seguintes ao abandono do rascunho, porém, ele escrevia cerca de 350 palavras numa página do mesmo tamanho. Uma comparação com outros rascunhos da década em questão, mais fáceis de serem datados, confirmou que "a contração da escrita ocorreu de modo progressivo e linear". Depois de um "passeio bastante doloroso pela matemática", como ele disse, Pasley concluiu que Kafka escreveu a maior parte do manuscrito nos primeiros dois meses de trabalho no rascunho – e depois empacou.

"Evidentemente não era apenas o *Processo* de Josef K. que estava indo mal: 'o *processo*' de Franz Kafka" – seu processo de escrita – "também enfrentava sérios problemas", diz Pasley. Kafka, contudo, habituado a se atormentar com rascunhos inacabados, parece ter previsto esse imprevisto. Ele decidiu começar por escrever as sequências de abertura *e* de encerramento do romance – a prisão e a morte de Josef K. Esta foi a descoberta mais significativa que Pasley fez: analisando o papel com marca-d'água e o número de palavras por página, ele conseguiu provar que aqueles dois trechos foram escritos um após o outro.

E assim, escreve Pasley, "o *processo* no qual Josef K. está envolvido e o processo de sua invenção e escritura parecem misteriosamente interligados". Ele cita a passagem final do romance, na qual Josef K. se pergunta: "será que podem dizer de mim que no início do processo eu quis terminá-lo e agora, no seu fim, quero reiniciá-lo?" [p. 225]. Mas, no original alemão, conforme demonstrou a pesquisa meticulosa de Pasley, essa frase também descreve o processo de escrita de Kafka. Ele escreveu o final do romance quando estava começando a trabalhar nele – e, uma vez que essa conclusão foi posta no papel, era hora de voltar ao início da trama. Essas são as deliciosas descobertas que os manuscritos podem produzir: um exemplo perfeito de seu valor significativo.

Precioso como um papiro

No webinar sobre os manuscritos de Kafka, Fiona McLees acrescenta um terceiro tipo de valor ao esquema de Larkin: o valor material. Ele pode ser difícil de engolir para os leitores que gostam de pensar nas obras de Kafka como arte pura e transcendente, cujo valor não pode ser medido em dinheiro. Mas o fato é que seus manuscritos – mesmo cartões-postais ou pequenas notas manuscritas – rendem enormes somas em leilões. Em 1988, o Arquivo de Literatura Alemã em Marbach supostamente pagou quase US$ 2 milhões pelo manuscrito de *O processo*, uma quantia que o *The New York Times* identificou na época como "o preço mais alto já pago por um manuscrito moderno". Uma metáfora mercantil surge na palestra de McLees: ela menciona repetidamente "*stakeholders*", ou "partes interessadas", ao falar sobre as pessoas que investem sua energia nos manuscritos, e ao mesmo tempo que faz isso pede desculpas por usar o termo.

Mas talvez seja de esperar: normalmente discorremos sobre valores nesses termos – acabei de falar em pessoas que *investiram* nos manuscritos –, e a mesma coisa fez Kafka. Por exemplo, a palavra alemã para culpa – "Schuld" – também significa dívida, inclusive no sentido literal, monetário. Em *A metamorfose*, Gregor Samsa pensa com apreensão na "Schuld" de seu pai, que ele tenta ajudar a liquidar fazendo horas extras; o contexto imediato sugere que está em jogo uma dívida monetária, mas, no contexto da história como um todo, é justo afirmar que um sentimento de culpa metafísica mal definida também afeta Gregor e seu relacionamento tenso com a família.

Ao mesmo tempo, Kafka não tratou seus manuscritos como objetos com valor material, mas sim como rascunhos de trabalho, conforme McLees deixa claro. Ela gosta do que disse o biógrafo de Kafka, Reiner Stach: "Nenhum autor do início do século XX – muito menos o próprio Kafka – poderia ter imaginado que seu legado escrito seria em breve medido, fotografado e descrito como se fosse um conjunto de rolos de papiro retirados de uma câmara funerária egípcia". Na verdade, ele não parecia achar que deveriam sobreviver.

Fato famoso, Kafka pediu a seu amigo mais próximo, Max Brod, que queimasse seus manuscritos depois de sua morte, mas Brod desconsiderou esse pedido e publicou os escritos de Kafka postumamente. No entanto, a verdade pode ser mais complicada. Kafka sabia que Brod era seu maior defensor, sempre entusiasmado com a sua escrita e tentando persuadi-lo a publicar mais, providenciando a publicação dessa ou daquela história aqui e ali, agarrando-se a cada fragmento de texto que Kafka lhe dava. E tudo isso apesar de Brod ser ele mesmo um escritor, na verdade bem mais conhecido e mais bem-sucedido do que Kafka naquela altura, o que reforça sua dedicação altruísta ao legado do amigo. Após a morte de Kafka, Brod afirmou que este deve ter percebido que nunca seria capaz de queimar aqueles manuscritos: ao lhe pedir, entre todas as pessoas, que realizasse seu suposto desejo, Kafka, na realidade, garantiu sua sobrevivência. Brod acabou entrando para a história principalmente como o leitor mais importante de Kafka, e não como um escritor por mérito próprio.

Ele guardou os manuscritos de seu amigo enquanto fugia às pressas de Praga para a Palestina no último trem antes de os nazistas fecharem a fronteira tcheca em 1939. Os oitenta anos seguintes veriam vários maços desses preciosos papéis se deslocarem entre Israel, Alemanha, Suíça – e Inglaterra. A história dos manuscritos "poderia ser tema de um romance ou filme de aventura inteiro", escreve o germanista Osman Durrani. Ao escutar McLees, penso no curioso capítulo da história que levou a parte mais substancial dos manuscritos para Oxford.

Em 1960, um jovem aristocrata britânico – nascido na Índia durante o rajado britânico, então bolsista de Alemão no Magdalen College – descobriu por meio de um dos seus alunos de graduação que o sobrinho-neto de Kafka cursava Direito em outra faculdade de Oxford. O germanista em questão não era outro senão Malcolm Pasley, que em breve seria o estudioso e editor dos manuscritos de Kafka mais famoso do mundo. Houve mais descobertas: a mãe do estudante, Marianne Steiner, morava em Londres, e ela e os outros poucos parentes sobreviventes de Kafka eram os proprietários legais da maioria de seus manuscritos, embora tenha sido Brod quem os conservara consigo por muitos anos. Na verdade, ele havia colocado grande parte deles em um cofre de um banco suíço alguns anos antes, temendo por sua segurança em Israel durante a crise do Canal de Suez. Os herdeiros de Kafka concordaram com a sugestão de Pasley, a de que os manuscritos fossem transferidos de Zurique para Oxford e depositados na Biblioteca Bodleian. Outros documentos logo surgiram de outras fontes. Desde então, alguns passaram para a posse da biblioteca e outros são de propriedade conjunta da Bodleian e dos filhos de uma das irmãs de Kafka.

Em 1961, os principais manuscritos chegaram. Mas como, exatamente? De acordo com o que Pasley escreveria no primeiro artigo que listava todos esses textos para outros estudiosos interessados, "a chegada um tanto inesperada a este país desses notáveis documentos" foi precedida de "uma série de vicissitudes e peregrinações nada inapropriadas". Ele não especificou seu próprio papel nisso, que não se limitou a conversar com os herdeiros de Kafka. Pasley trouxe pessoalmente os manuscritos para Oxford, em seu próprio carro. Como mais tarde Jim Reed, um de seus colegas em Oxford, se recordaria, "a sua viagem se tornou uma lenda entre os estudiosos da língua alemã".

Durante uma viagem de esqui pelos Alpes, Pasley recebeu a notícia de que os últimos obstáculos burocráticos haviam sido vencidos e os manuscritos estavam prontos para serem coletados em Zurique. Ele empacotou os esquis, comprou uma mala extra, foi até o banco ("a chegada do inverno e o confronto com os funcionários tinham ecos atmosféricos de *O castelo* e de *O processo* de Kafka", comentou Reed), fez um seguro em uma agência de viagens na mesma rua, entrou em seu pequeno Fiat (considerando que um dos manuscritos que ele transportou foi *A metamorfose*, é uma pena que não tenha sido um Volkswagen Beetle ["Volskwagen Besouro", nome internacional do Fusca], como Reed apontou) e foi embora.

Kevin Hilliard, outro colega de Pasley em Oxford, perguntou-se como "esse cavalheiro-modelo entendia a mente de um dos escritores mais idiossincráticos e radicais do século XX melhor do que qualquer outra pessoa em seu tempo". A mesma dúvida paira em um artigo sobre Pasley intitulado "Meio-irmão de Kafka", escrito por um repórter do jornal alemão *Die Zeit* que visitou Pasley em sua casa no norte de Oxford em 1992. Naquela época, Pasley havia se tornado membro da Academia Britânica e herdado o título de baronete de seu pai. Este é o mistério da afinidade cultural: por meio da leitura, podemos habitar pela imaginação mundos muito diferentes do nosso. Ao traçar a história de investimentos extraordinários – tanto reais quanto metafóricos – nos manuscritos de Kafka que seus leitores fizeram ao longo do último século através das fronteiras de língua, nacionalidade, história e classe, podemos começar a apreciar quão inadequadas são as histórias literárias tradicionais quando se recusam a seguir os textos atravessando essas fronteiras.

Também podemos começar a entender melhor que o significado dos livros muitas vezes está nas razões pelas quais os leitores os consideram pessoalmente significativos. Matriculei-me no Magdalen College exato meio século depois da chegada dos manuscritos a Oxford, embora não soubesse disso à época. Não conheci Pasley: ele se aposentou da docência em 1986 e morreu em 2004, depois de anos padecendo de esclerose múltipla. No entanto, sinto sua presença, pelo menos editorial, toda vez que abro minha edição de *O processo* ou *A metamorfose*. Pasley liderou a equipe editorial que trabalhou na edição crítica padrão das obras de Kafka. Mas, embora eu tenha muita admiração por esses dois clássicos, sempre me senti especialmente atraída pelo romance menos conhecido de Kafka, *O desaparecido*, a enigmática história de Karl, um adolescente imigrante do Leste Europeu que viaja sozinho para os Estados Unidos e tem de se orientar nesse novo país. No mundo de Kafka, há espaço para todos os tipos de personagens – e de leitores.

Leitura pandêmica

À medida que a pandemia do coronavírus se espalhava pelo mundo, um texto em particular parecia ganhar destaque: *Die Verwandlung* – ou, como é conhecido no mundo lusófono, *A metamorfose*. Talvez seja só porque a história de Gregor Samsa, um caixeiro-viajante que "certa manhã [...] acordou de sonhos intranquilos" apenas para se descobrir "metamorfoseado", ali mesmo, em sua cama, em algum tipo de "inseto monstruoso", escrita em 1912 e publicada em 1915, é o conto mais lido de Kafka. No entanto, penso que há algo a mais: a metáfora violenta de uma pessoa aparentemente comum se transformando num inseto monstruoso que agora tem de ser confinado ao seu próprio quarto parece ressoar tanto com a pandemia como com o Brexit, a outra crise que assolava a Grã-Bretanha à época, embora de maneiras diferentes.

É assim que eu teria contado o enredo de *A metamorfose* antes de 2020: um dia, Gregor Samsa acorda no corpo de um "*ungeheures Ungeziefer*". O termo "*Ungeziefer*" designava inicialmente animais considerados "impuros" e, portanto, inadequados para sacrifícios religiosos, e mais tarde insetos ou roedores; também era usado como um insulto. "*Ungeheuer*" tem o mesmo prefixo negativo e significa "gigantesco" ou, em alemão medieval, "inquietante". É difícil imaginar como seria exatamente esse "inseto monstruoso", embora a descrição deixe claro que se trata de algum tipo de inseto; mas a curiosa falta de especificidade da locução "*ungeheures Ungeziefer*" pode encorajar os leitores a tratar essa criatura, em vez disso, como um símbolo ou uma metáfora. O próprio Gregor não passa muito tempo contemplando a sua estranha transformação, nem a sua família, embora fiquem chocados. Todos eles se concentram nos desafios práticos impostos pela transformação de Gregor. Ele consegue se mover? (Primeiro com dificuldade, depois com mais conforto, à medida que aprende a controlar seu novo corpo.) Ele consegue falar? (Na verdade não: sua voz está irreconhecível, e ele logo para de tentar se comunicar dessa forma.) Ele consegue ir trabalhar? (Apesar de uma esperança no início de ainda conseguir pegar o trem matinal, ele desiste depois de uma visita desastrosa do gerente de seu escritório.) O que ele consegue comer? (Comida fresca não tem um gosto bom, mas ele gosta de todo tipo de resto meio podre.) Como suportar olhar para ele? (Gregor começa a se esconder debaixo do sofá quando outras pessoas entram em seu quarto para poupá-las desse dilema.) Qual a melhor forma de arrumar seu quarto agora que ele é um inseto monstruoso? (Aqui, os desejos de Gregor vão contra os desígnios de sua irmã Grete; quando ela tenta remover todos os seus móveis e pertences, aparentemente a fim de lhe fornecer mais espaço para que rasteje, Gregor fica perturbado.)

Embora Grete, pelo menos de início, cuide do irmão, sua mãe frágil e doente geralmente se mantém afastada, e seu pai idoso e fraco o espeta com a bengala para forçá-lo a voltar a seu quarto. Lentamente, contudo, a família também passa por uma transformação. Por um lado, o pai arranja um emprego, embora durante anos Gregor tenha acreditado que estivera doente e, por isso, trabalhado arduamente para sustentar toda a família. Ele também parece ficar mais forte: após o incidente com a bengala, Gregor torna a sair do quarto, porém o sr. Samsa atira maçãs nele, ferindo o filho gravemente com uma delas. Grete, por sua vez, também se torna mais independente e começa a negligenciar o irmão. Uma noite, ela toca violino – atividade que Gregor sempre apoiou – para os três grotescos inquilinos que a família acolhe. Quando Gregor sai de seu quarto a fim de se aproximar de Grete e de sua música, os inquilinos o notam e abandonam o apartamento indignados. É aí que Grete decide que todos já estão fartos: a família deve se livrar dele – ou melhor, daquilo (no manuscrito, Kafka riscou o pronome masculino e substituiu-o pelo desumano "aquilo"). Gregor sente vergonha e morre de madrugada, deixando a família aliviada e feliz, cheia de esperança no futuro.

Quando reli a história em 2020, porém, vários detalhes novos chamaram a minha atenção. Gregor Samsa acorda trancado no seu quarto

– "um pouco pequeno demais" – numa casa em frente a um hospital, um mostruário de tecidos sobre a mesa, os quais costuma vender todos os dias como caixeiro-viajante: "Entra dia, sai dia". Mas algo tinha acontecido com o seu corpo durante a noite; alguma coisa estava errada. Gregor pensa em anunciar "que está doente", mas está mesmo? Ele acha que não. Porém sua voz, então, soa esquisita porque há nela algum "pipilar" estranho, como se viesse "de baixo"; deve ser o início de um "resfriado" – fácil de pegar quando se viaja e se conhecem pessoas novas o tempo todo. Gregor tosse para tentar limpar a garganta. Luta para levantar o corpo e sair da cama; então, fica imóvel por mais um tempo, "com a respiração fraca".

Gregor sabe que é provável que perca o emprego por causa de tudo isso – embora "o que ele estava vivendo" também possa "acontecer com o senhor chefe". No entanto, a firma para a qual Samsa trabalha é rigorosa: "época para não fazer nenhum negócio não existe, senhor Samsa, não pode existir", dizem-lhe. Gregor teme que perder o emprego possa colocar em risco o sustento de toda a sua família. Seus pais são vulneráveis: o pai é idoso e obeso; a mãe tem asma e muitas vezes sente dificuldade para respirar. Tentando convencer o gerente a mantê-lo no emprego, Gregor tenta voltar à ideia de que está doente – sim, está se sentindo mal há alguns dias: "Mas sempre se pensa que se vai superar a doença sem ficar em casa". Sua voz, porém, está tão deformada que se torna ininteligível; por isso, a família de Gregor chama um médico. Ele deve estar realmente muito doente; ninguém ousa entrar em seu quarto. Na casa dos Samsa, "ocorreu uma grande desgraça".

A vida de Gregor está totalmente perturbada. Ele é tratado como um "paciente grave" e seu quarto é trancado com cuidado, de modo que seu único vislumbre do mundo exterior é através das janelas. Em pouco tempo ele literalmente está subindo pelas paredes. Quando sua irmã Grete entra duas vezes ao dia para limpar o quarto, ela primeiro corre para abrir as janelas e ventilar o espaço. Os pais de Gregor não o visitam em seu quarto há duas semanas, e ele teme que o ver possa deixar a mãe doente, até mesmo causar a morte dela; suas dificuldades respiratórias aumentam. A certa altura, ela passa a "tossir, em som surdo, na mão espalmada", mas a família ainda espera em breve ver "uma pequena melhora" no estado de Gregor.

Dois meses se passam, porém, e ele piora mais. Também sente que "a falta de qualquer comunicação humana imediata, ligada à vida uniforme da família", está começando a afetá-lo. Agora o esforço físico é perigoso: "uma falta de fôlego se faz notar – mesmo nos velhos tempos, não tinha um pulmão inteiramente confiável"; para atravessar a sala, ele agora precisa de "longos, longos minutos" – "como um velho inválido". A irmã de Gregor também acha que ele é uma ameaça à saúde dos pais: "Isso ainda vai matar ambos, eu vejo esse momento chegando", ela diz. A essa altura, o corpo de Gregor está dolorido. Em pouco tempo "das suas ventas fluiu fraco o último fôlego". Gregor morre, e sua família sai de casa pela primeira vez em muitos meses.

Claro, há uma boa explicação para tudo isso. Gregor é agora um enorme inseto: por isso, tem dificuldade em movimentar o corpo; se sente estranho, quase enjoado; a sua voz soa esquisita. Ele respira pesadamente porque está tentando carregar seu novo corpo pesado, não por ter contraído o coronavírus em suas viagens e o transmitido à mãe. Seu mostruário contém tecidos que ele vende em vez de máscaras faciais, e, no início da história, ele fica trancado em seu quarto porque sempre o tranca durante a noite e agora tem dificuldade para abrir a porta, e não quer, de maneira alguma, que sua família e o gerente o vejam em seu novo corpo de inseto. Ele não foi colocado em confinamento, em quarentena. E está se sentindo isolado e distanciado dos outros por causa de sua metamorfose em inseto e das relações de poder cada vez mais tensas na família, e não em razão do autoisolamento e do distanciamento social impostos pelo governo.

No entanto, há algo na situação de Gregor que ecoa nos leitores da era do coronavírus, e não inteiramente por acaso. A característica mais marcante da história de Kafka é como Gregor é apresentado a uma realidade nova e chocante – agora, vive no corpo de um inseto –, mas ele, e logo também todos ao seu redor, adaptam-se a ela sem muito questionamento, focando aspectos puramente práticos de sua nova situação. Gregor concentra quase toda a sua atenção em questões como: quais novos membros usar para sair da cama? Qual a melhor forma de lidar com a ira do gerente? Que trem ele ainda poderá pegar? Samsa passa apenas um breve momento imóvel, "como se esperasse talvez do silêncio pleno o retorno das coisas ao seu estado real e natural".

Kafka e o coronavírus

Ao prestarmos atenção à maneira como Kafka é lido na era do coronavírus, podemos aprender algo tanto sobre seus escritos como sobre a nossa própria experiência da pandemia. Vista através das lentes das obras de Kafka, a pandemia surge como a concretização de um medo profundo, um cenário de pesadelo que trabalhamos em nossos clássicos modernistas: o medo de ficar preso na própria casa, de perder o controle do próprio corpo, uma perturbação imprevista e violenta da vida cotidiana. Vista através das lentes da pandemia, vem à tona a preocupação de Kafka com problemas de saúde, a respiração ofegante e as infecções pulmonares. Percebemos que seus personagens não são cifras abstratas, alegorias corporificadas – ao contrário, são coisas vivas, que respiram, reféns da fragilidade de seu próprio corpo.

Em fevereiro de 2020, a estreia de uma adaptação teatral de *A metamorfose* produzida por uma companhia escocesa, a Vanishing Point, é cancelada: a pandemia atingiu o norte da Itália, onde a produção deveria ser encenada em um festival. Em vez disso, estreia em meados de março em Glasgow, poucos dias antes de o primeiro confinamento nacional ser anunciado no Reino Unido. "É difícil não enxergar uma metáfora para a pandemia" na produção de Matthew Lenton, escreve um crítico no *Guardian*. O ator que interpreta Gregor metamorfoseado em inseto acaba "fumigado por figuras com roupas protetoras". Outro crítico escreve que a adaptação "traz para dentro de casa a histeria cotidiana que existe em um cenário marcado pelo Brexit e consumido pela covid-19"; um terceiro crítico a chama de "adaptação terrivelmente oportuna". Desde os primeiros dias da pandemia, *A metamorfose* se torna um dos principais roteiros culturais para tentar compreender o impacto da covid-19 em nossa psique coletiva.

Depois que o país foi colocado em confinamento na primavera de 2020, os alunos de graduação da Universidade de Sheffield leram *A metamorfose* e assistiram à adaptação do Royal Ballet feita em 2011. Uma das alunas fica impressionada com a "falta de controle" que Gregor Samsa "sente do seu corpo", o que "ecoa a falta de controle sobre o próprio corpo [dela] que [tem] sofrido durante o confinamento"; "muitas pessoas estão atualmente em conflito com seus corpos", ela acrescenta.

Arthur Pita, o coreógrafo do balé, começa a ouvir outras pessoas que lhe assistem durante a quarentena e o consideram "catártico". Embora permaneçamos fisicamente distantes uns dos outros e, ainda assim, hiperconscientes dos nossos corpos, Gregor Samsa oferece para muitos um ponto de identificação convincente. No início do verão, o grupo de teatro alemão Lokstoff! vai a um grande estacionamento em Stuttgart e realiza uma adaptação socialmente distanciada de *A metamorfose* intitulada *ANTES/DEPOIS: A metamorfose do mundo*. Cada ator fica confinado em uma bolha gigante – durante a apresentação, oxigênio extra deve ser bombeado nas bolas –, enquanto os espectadores permanecem em seus carros. Uma estação de rádio local relata que toda a peça parece ter sido encenada numa "unidade de segurança máxima": uma metáfora adequada para o distanciamento da pandemia do coronavírus.

No final do verão, a Hijinx, uma companhia de teatro galesa que trabalha com atores com dificuldades de aprendizagem e autismo, produz uma peça ao vivo no Zoom, uma adaptação de *A metamorfose*, canalizando "alguns dos sentimentos de solidão e de medo do futuro, isolamento e uma sensação de perda de valor", segundo o diretor artístico Ben Pettitt-Wade. Um jornalista da BBC, um economista indiano, um sociólogo grego, pessoas de diversas esferas da vida encontram consolo na misteriosa história de Kafka sobre um homem metamorfoseado em inseto, trancado em uma pequena sala por semanas a fio. Uma manchete de uma revista literária on-line diz: "Agora somos todos Gregor Samsa". Um professor de escrita criativa no Arkansas pede a seus alunos que escrevam "diários da peste" enquanto se abrigam. Ele está pensando na escrita incessante de Kafka e seus diários: "Queria que uma montanha de palavras funcionasse como escudo contra o incognoscível", explica. Dois médicos irlandeses relatam na revista *Medical Humanities* que estão mergulhando nas obras de Kafka durante o confinamento. A vida parece "opressiva e um pesadelo", "sentimentos de estranhamento e desamparo" vêm à tona. Os textos de Kafka parecem adequados para trabalhar essas emoções, talvez até por causa da imagem central de um inseto: como uma pesquisadora da Harvard Medical School mostrará em sua análise de 6 mil sonhos relatados durante a pandemia do coronavírus, um número significativo envolve "dezenas e dezenas e dezenas de todos os tipos de insetos imagináveis atacando o sonhador".

O próprio Kafka passaria a compreender as doenças respiratórias em todos os seus detalhes íntimos e aterrorizantes. Após uma série de hemorragias em 1917, cinco anos depois de escrever *A metamorfose*, ele foi diagnosticado com tuberculose. Durante anos antes de seu diagnóstico Kafka já se queixava de fraqueza e fragilidade; já em 1905, por várias ocasiões, se hospedou em cidades termais e sanatórios. "Há muito tempo que me queixo de estar sempre doente, mas nunca tenho uma doença específica que me obrigue a deitar na cama", escreveu ele, irônico, em seu diário, em 1911. Em breve isso mudaria. Em 1918, quando a Europa foi devastada pela epidemia de gripe espanhola, ele também contraiu essa doença: teve uma febre de 40 °C que desembocou em um caso grave de pneumonia. E, no entanto, frequentemente Kafka ainda adotava um tom humorístico e brincalhão ao comentar sua saúde, pelo menos da boca para fora. Numa carta a Oskar Baum, um de seus amigos mais próximos, às vezes datada de 1918 e outras de 1920, Kafka escreveu:

> Em termos médicos, é simplesmente um caso perdido, de brincadeira e de verdade. Você gostaria de um diagnóstico leigo? A doença física é apenas um transbordamento da doença espiritual. Se tentarmos conter seu fluxo, a cabeça naturalmente se defenderá, já que em um momento de necessidade ela gerou a doença pulmonar e agora tentamos forçá-la a voltar para ali, justo quando a cabeça sente a necessidade mais forte de gerar mais outras doenças. Além disso, para começar pela cabeça e curá-la, seria necessária a força de um transportador de móveis, a qual, pelo mesmo motivo, nunca poderei ter.

Tanto em 1918 como em 1920, Kafka tirou uma licença prolongada do trabalho e viajou para o campo e para vários centros de saúde na tentativa de melhorar os seus sintomas – mas em vão. À medida que sua saúde deteriorava, ele passava cada vez mais tempo de licença médica, levando por fim, em 1923, a uma aposentadoria antecipada de seu trabalho como advogado de alto escalão numa grande agência de seguros. Um ano depois, aos 40 anos, o estado de Kafka piorou mais uma vez: a tuberculose tomou sua garganta. Era difícil ingerir qualquer alimento. Morreu no verão de 1924.

Kafka e o Brexit

Enquanto Kafka estava acometido de gripe no outono de 1918, outra coisa também estava acontecendo. A Primeira Guerra Mundial acabara, trazendo consigo a dissolução do Império Austro-Húngaro. Kafka "contrai[u] uma febre como súdito da monarquia dos Habsburgo e ressurg[iu] dela como cidadão de uma democracia tcheca", escreve Reiner Stach. "A gripe e a política caminhavam lado a lado." Um século depois, a Grã-Bretanha chegou ao pico da pandemia do coronavírus logo após deixar a União Europeia.

Como leitores, enxergamos regularmente um reflexo dos nossos próprios tempos, das nossas próprias crises, nos livros que valorizamos em especial, sobretudo aqueles repletos de um significado metafórico nebuloso. A literatura soa universal não quando parece não estar ancorada em nenhum lugar ou tempo específicos, mas quando os leitores se veem ancorando-a em seu próprio tempo e lugar, repetidamente. E, assim, não foi apenas a pandemia de coronavírus que *A metamorfose* de Kafka ecoou em 2020. O Brexit também suscitou comparações semelhantes.

Em pelo menos um caso, a analogia se tornou popular. No outono de 2019, Ian McEwan publicou uma novela chamada *A barata*. As páginas iniciais foram publicadas no *Guardian*; o audiolivro que a acompanha foi narrado pelo ator Bill Nighy. Como eu disse antes: um evento *mainstream*, pelo menos em comparação com o nível básico de agitação que normalmente envolve a literatura modernista alemã na Grã-Bretanha. É fácil perder de vista quão significativo foi esse acontecimento: um dos escritores britânicos contemporâneos de maior sucesso reage a um dos momentos políticos mais significativos da sua vida escrevendo a sua própria versão de um dos contos mais famosos já escritos na Europa. Se quisermos entender por que Kafka ainda é importante hoje, certamente esse é um dos melhores estudos de caso que temos à nossa disposição.

É assim que *A barata* começa: "Naquela manhã, Jim Sams, inteligente, mas nada profundo, acordou de sonhos intranquilos e se viu transformado em uma criatura gigantesca". Enquanto o Samsa de Kafka ficava perplexo com as suas muitas perninhas de inseto, o Sams de McEwan "contemplava seus pés distantes, sua escassez de membros, consternado". O elegante estilo satírico de McEwan sobressai ao descrever a nova língua humana de Sams: "Um órgão, um pedaço de carne escorregadia, estava atarracado e molhado em sua boca – revoltante, especialmente quando se movia por vontade própria para explorar a vasta caverna de sua boca e, notou com alarme silente, deslizava por uma imensidão de dentes". Ele se deleita com as descrições dos aspectos mais nojentos do ser humano, canalizando as predileções de seu protagonista como uma barata de coração: "A leve brisa que soprava intermitentemente em [seu peito], trazendo um odor nada atraente de comida em decomposição e álcool de cereais, ele a aceitou como o seu hálito".

Ao observar um pequeno inseto rastejar com cautela para fora do seu quarto – "sem dúvida o proprietário deslocado do corpo que agora habitava" –, Sams começa a perceber que o referido corpo é o do primeiro-ministro do Reino Unido. No entanto, a sua verdadeira natureza como barata fica ainda mais clara a cada passo: naquela primeira manhã, por exemplo, ele não consegue se concentrar em conversas sobre negócios porque uma mosca-varejeira morrendo o faz pensar em como seria deliciosa ("um sabor de queijo. Stilton, principalmente"). Para ser franca, tudo o que é dito sobre o primeiro-ministro Jim Sams se aplica provavelmente ao primeiro-ministro britânico da vida real em 2019.

Onde está o limite entre a sátira instigante e a ofensa improdutiva, tão insípida quanto elitista? Jim Sams se comporta como um inseto nojento, fantasia sobre comer esterco, mal consegue falar, não entende muito, "sua preocupação imediata [é] parecer plausível" – o que faz sentido, já que ele quase não é humano. Ao presidir uma reunião do gabinete, Sams percebe que quase todos os seus membros são insetos, instantaneamente reconhecíveis "através da sua forma humana transparente e superficial". Eles agora formam o gabinete "metamorfoseado" – uma referência ao título da história de Kafka. São "inspirados por uma ideia tão pura e emocionante quanto sangue e solo", o que pode se referir ao sangue e ao solo literais para os quais os insetos são atraídos, mas é inevitável que também nos façam pensar na ideologia nazista *"Blut und Boden"* [Sangue e Solo].

Na segunda parte da história, ficamos sabendo mais sobre o bizarro movimento ideológico que McEwan inventou como uma metáfora transparente para o Brexit: o chamado reversalismo. Há muito considerado "um experimento mental, um jogo depois do jantar, uma piada", por meio de uma série de contratempos e erros políticos, o reversalismo se torna a agenda oficial do governo. O objetivo é inverter o fluxo de dinheiro no Reino Unido: os trabalhadores têm de pagar a seus empregadores, e não o contrário; e têm de fazer compras para poderem pagar – já que agora são os proprietários das lojas que pagam a seus clientes. Aqueles que se opõem ao reversalismo são desprezados e apelidados de "endireitados". Archie Tupper, uma paródia velada de Donald Trump, logo embarca e faz um tuíte em apoio ao primeiro-ministro britânico usando seu estilo habitual – "era poesia, combinando suavemente densidade de significado com libertação rápida dos detalhes".

Jim Sams, a barata que virou primeiro-ministro, trabalha com afinco para desacreditar os "endireitados" do seu próprio partido que tentam impedir as suas reformas. Num episódio particularmente desagradável, ele fabrica um artigo sobre assédio sexual para ser submetido ao *Guardian* sob o nome de uma colega, objetivando afundar a carreira de um membro problemático do gabinete. Ele descobre que "não havia nada mais libertador do que uma sequência de mentiras bem tecida. Então era por isso que as pessoas viravam escritores". Quaisquer padrões concebíveis de serviço público estão em frangalhos; o único objetivo é fazer avançar loucamente o reversalismo, que o governo consegue colocar em votação. E aí tudo acaba: os políticos voltam a ser insetos. Eles fizeram aquilo porque – tudo é cuidadosamente explicado para nós com essa moral clara – prosperam na morte, na pobreza e na miséria. É por isso que estavam tão empenhados na revolução imprudente do governo.

McEwan descreveu *A barata* como uma "sátira política em uma antiga tradição". "A farsa pode ser uma resposta terapêutica, embora dificilmente seja uma solução", acrescentou. Outros lhe deram um rótulo decididamente mais contemporâneo: "Brexlit" [literatura do Brexit], em grande parte escrita por "*remoaners*"* de classe média que não sentem nada além de desprezo e desdém por qualquer pessoa que não partilhe dos seus pontos de vista. Quão terapêutica de fato pode ser essa "Brexlit"? Não é de surpreender que as críticas em um determinado segmento da imprensa tenham sido céticas, para dizer o mínimo. No

---

* Trocadilho com a palavra "remainers", os que desejavam que o Reino Unido permanecesse na União Europeia, e "moan", "gemer, lamentar". [N.T.]

Evening Standard, David Sexton chamou *A barata* de "condescendente" e uma "diversão presunçosa". Outros, porém, foram mais cautelosos. "Comparar adversários políticos com baratas é uma metáfora tóxica em uma história política desagradável, e é difícil ler a novela de McEwan sem certo desconforto", escreveu Fintan O'Toole no *Guardian*, embora ainda chamasse a novela de "triunfo cômico". Uma crítica alemã ficou igualmente desconcertada com a brutalidade da linguagem de McEwan, a conversa sobre excremento e nojo, e achou o livro uma resposta artística inadequada ao fracasso das elites britânicas. Esse sentimento foi compartilhado por Christopher John Stephens em *Pop Matters*: "A metáfora do político como parasita da humanidade é tão sutil quanto um martelo". E acrescentou: "Nestes tempos, os leitores merecem algo melhor".

O que aprendemos sobre Kafka – e o Brexit – examinando com atenção *A barata* e a discussão que a novela gerou? É um exemplo particularmente tangível de como Kafka deu aos escritores que vieram depois dele imagens duradouras de abjeção e de desprezo visceral num mundo de burocracia sem sentido e de crise política. Mas também encena um confronto implacável com o fracasso da cultura britânica em gerar uma alternativa positiva à narrativa do Brexit. O sucesso retumbante de *A metamorfose* de Kafka põe em nítido relevo o fracasso final de *A barata* de McEwan – e vice-versa. Alguns anos antes da publicação de *A barata*, uma imitação da famosa capa laranja da Penguin circulou no Twitter: *Brexit*, um romance de Franz Kafka. Meio piada, meio fantasia: como Leo Robson escreveu sobre o projeto de McEwan no *New Statesman*, a esperança é que "um dos grandes escritores do século XX" possa nos ajudar a "compreender uma das grandes crises políticas do século XXI". Mas *A barata* não cumpriu essa tarefa à altura.

E, no entanto, a peculiar viscosidade de Kafka e de seu mundo literário persiste teimosamente nas discussões da cena política britânica em todo o espectro ideológico. No verão de 2022, o *Daily Mail* publicou um artigo sobre a investigação de Boris Johnson pelo Comitê de Privilégios dos Comuns intitulado "Um tribunal arbitrário kafkiano", aparentemente citando aliados de Johnson. Os editores do jornal devem ter ficado preocupados, porém, com a possibilidade de os seus leitores não estarem familiarizados com o termo; por isso, deram uma definição num pequeno boxe ao final da página, ao lado de uma fotografia de

Kafka: justo. Só que era uma definição extremamente idiossincrática, o que se torna óbvio assim que se lê seu título exagerado: "Palavra que é totalmente estranha aos valores de liberdade da Grã-Bretanha". "Em seu livro *O processo*, Kafka descreveu um homem perseguido por autoridades obscuras por um crime que eles nem sequer nomeiam ao ser levado às profundezas da miséria", lemos. A possibilidade da culpa de Josef K. – na realidade, do seu desejo perverso de ser punido – não é cogitada. A peculiar definição continua: "Durante séculos, os britânicos viveram num país livre em que tais coisas eram desconhecidas. Agora, os amigos do primeiro-ministro temem que essa calúnia esteja acometendo o nosso político mais importante".

Enquanto McEwan usou o trabalho de Kafka como lente para criticar o governo de Johnson e seu compromisso de "concluir o Brexit", os apoiadores de Johnson acorreram a ele para criticar seus críticos, e o *Daily Mail* tentou enquadrá-lo como uma expressão das estruturas burocráticas europeias, supostamente antitéticas à cultura política britânica – justo o tipo de estrutura, podemos afirmar, do qual o Brexit deveria nos libertar. É seguro dizer que poucos escritores mortos, britânicos ou não, foram tão instrumentalizados nas discussões públicas sobre o Brexit, e é importante para nós, estudiosos, reconhecermos o poder incomum, francamente surpreendente, da presença espectral de Kafka na imaginação do público e ao mesmo tempo corrigir os equívocos que surgiram durante o caminho. Alguns desses equívocos têm a ver com a interpretação das obras de Kafka, mas outros são mais básicos: no *Daily Mail*, Kafka é apresentado como um escritor "tcheco". No próximo capítulo, abordaremos as questões sobre o que um texto como *A metamorfose* significa de fato – e como podemos sabê-lo – e de que maneira esse significado pode estar ligado à identidade de Kafka, incluindo a complicada questão de sua nacionalidade.

2

BERLIM

O Kafka alemão

Siegfried não entende

Gostaria de apresentar a você dois leitores de Kafka que não somente serão uma ponte útil entre a Oxford do século XXI e a Alemanha do início do século XX, mas também nos darão a oportunidade de revisitar *A metamorfose*, a história que vimos no capítulo anterior, e trabalhar mais uma vez a questão para a qual todos os leitores que se prezam desejam resposta: o que ela de fato *significa*.

Entra em cena Siegfried Wolff, de Berlim, um banqueiro altamente erudito e veterano de guerra, autor da única carta que Kafka recebeu de um leitor, em 1917, fora de seu grupo de amigos. Mas não era exatamente uma carta de fã. "Prezado, o senhor me deixou infeliz", começa a carta. "Comprei a sua *Metamorfose* e dei para minha prima, mas ela não consegue entender a história." Outros membros da família também ficaram perdidos. Pior ainda, o próprio Wolff não sabe o que fazer com aquela obra, apesar da sua reputação de homem sábio da família. "Então, por favor, diga-me", escreve ele a Kafka, "o que minha prima deve pensar quando lê *A metamorfose*."

Quando li essa carta pela primeira vez, pensei que fosse falsa: parecia boa demais para ser verdade! É um quadro muito engraçado e curioso da irredutibilidade da escrita de Kafka e do desconforto que ela gera nos leitores. No entanto, parece ser autêntica, embora a resposta de Kafka não tenha sido preservada. Ou talvez ele nunca a tenha escrito; afinal, como tentarei persuadi-lo neste capítulo, negar uma resposta ao insistente questionamento de Wolff pode ter sido a reação mais adequada por parte de um autor tão atraente e tão difícil de definir.

Quanto podemos aprender com a divertida missiva de Wolff? Não muito, talvez se possa pensar, mas uma das partes mais emocionantes do trabalho de uma historiadora literária é ser capaz de fazer documentos como esses falarem conosco. Em primeiro lugar, a carta de Wolff mostra que, embora se pudesse esperar que um leitor contemporâneo tivesse mais conhecimento do contexto cultural que rodeava a obra de Kafka, o significado de *A metamorfose* estava longe de ser óbvio durante a vida dele. A compreensão de como era viver na Europa Central durante as primeiras décadas do século XX certamente aprofundará nosso entendimento de Kafka, mas não explicará a maravilhosa estranheza de sua obra. Nem mesmo perceber o lugar do povo judeu nessa narrativa nos dará todas as respostas. Acontece que Siegfried Wolff também era judeu, mas não pareceu reconhecer em *A metamorfose* uma alegoria para a sua experiência enquanto judeu, embora (como veremos no Capítulo 4) essa seja uma frequente proposta de leitura para o texto.

Poderíamos também repensar afirmações precipitadas sobre a história de Kafka como uma metáfora direta para o sofrimento e a confusão dos tempos de guerra – uma suposição às vezes feita pelos leitores e certamente por muitos dos meus alunos. "Senhor! Passei meses nas trincheiras brigando com os russos e nem sequer pisquei", escreve Wolff a Kafka. "Mas, se minha reputação com meus primos fosse para o diabo, eu não aguentaria." Para esse leitor, a experiência de ler a história de Kafka parece ter alguma relação obscura com a sua experiência de guerra, porém a sua natureza exata não é imediatamente clara.

As pessoas dizem amiúde que Kafka capturou o choque e a desorientação provocados pelo súbito ataque da modernidade, desde a primeira grande experiência de guerra mecânica até as mudanças irreversíveis na estrutura familiar tradicional. Se quiser entender – se quiser sentir visceralmente – o que isso de fato significou para os leitores de Kafka na década de 1910, basta ler a carta de Wolff com muita atenção. *A metamorfose* é irritante: confrontado com o enigma da história de Kafka, um burguês respeitável perde o rumo; sua incapacidade de compreendê-la realmente o leva ao limite. Ele estabelece uma ligação entre a sua experiência de guerra e a sua incapacidade de compreender *A metamorfose*, o que ameaça a sua posição de autoridade dentro da família – da mesma forma que a posição de poder de Gregor na história é desafiada por causa de sua metamorfose.

Mas a incerteza do pânico diante da escrita de Kafka não é exclusiva de seus contemporâneos, como fica claro quando lemos a carta de Wolff ao lado de outro documento, embora muito mais recente e bem mais familiar.

Mais alguém não entende

No verão de 2021, Kafka teve seu cinco minutos de fama no Twitter. Acontece que Richard Dawkins, o eminente biólogo evolucionista britânico, não aprecia as possíveis ressonâncias metafóricas de uma história sobre um homem que se metamorfoseia – ouso dizer, evolui? – em um inseto durante a noite.

"*A metamorfose* de Kafka é considerado uma importante obra da literatura. Por quê? Se for *sci-fi*, é *sci-fi* ruim. Se, como *A revolução dos bichos*, for uma alegoria, é uma alegoria de quê? As respostas acadêmicas variam de pretensiosidades freudianas a absurdos feministas. Não entendo. Onde está a roupa do imperador?", tuitou Dawkins.

Centenas de respostas logo chegaram – incluindo uma de Philip Pullman. "Richard, uma vez você cunhou o excelente 'argumento da incredulidade pessoal': não posso acreditar em uma coisa, então não é verdade. Não está dando um exemplo exatamente disso? 'Eu não entendo, então todo mundo está errado'." Ocorre que Dawkins é membro de uma das faculdades de Oxford, e Pullman se graduou em outra. A sua famosa trilogia de fantasia *O livro das sombras* se passa lá. No entanto, mesmo que essa discussão sobre Kafka tenha começado como uma questão local, rapidamente se tornou global.

É possível pensar que nenhum estudioso respeitável de literatura deveria perder tempo com uma tempestade do Twitter como essa. Mas eu discordo: o tuíte de Dawkins parece ter mais do que uma semelhança fortuita com a carta de Wolff de 1917, e o ineditismo das nossas tecnologias de comunicação atuais não deve nos fazer perder de vista o fato de que, embora de maneira imperfeita, elas nos permitem tomar o pulso de diversos hábitos e experiências de leitura da mesma forma que as cartas, os diários e as notas marginais antes do surgimento da internet. O que tanto a carta de Wolff como o tuíte de Dawkins deixam claro é que o repertório tradicional de reações a textos literários é insuficiente quando se trata de Kafka, e isso pode desnortear os leitores, pois frustra seu desejo de extrair com facilidade algo do texto; extrair significado sem muita confusão.

Os sentimentos de desorientação e de frustração são, contudo, uma parte fundamental do significado da enigmática história de Kafka, até porque refletem as emoções que a experiência de Gregor Samsa desperta nele e na sua família. Muitos leitores o reconhecem: lendo alguns tuítes inevitavelmente inúteis – ofensivos, zombeteiros, totalmente fora do assunto –, fiquei impressionada ao ver quantas respostas à pergunta provocativa de Dawkins foram mesmo muito úteis. E a vasta maioria defendia Kafka – e, por extensão, a literatura –, em vez de se aliar a Dawkins.

Muitos leitores decidiram usar seus preciosos 280 caracteres para fazer microinterpretações plausíveis da história de Kafka, muitas vezes implícita ou explicitamente ligadas à sua experiência de vida; em alguns casos, até conseguindo mencionar detalhes da narrativa (como o comportamento da família Samsa depois da morte de Gregor) ou da vida do autor (como o seu trabalho na área de seguros de acidentes). Por exemplo, uma resposta popular, dada por um usuário que se descrevia em seu perfil como um "humanista neurodivergente", dizia o seguinte: "Trata-se simplesmente de alienação, isolamento e inferioridade nas comunidades da classe trabalhadora. Capta o que acontece quando as pessoas ao seu redor param de considerá-lo um humano".

Os personagens em questão não são da classe trabalhadora, nem Kafka – em termos de classe, são abordadas várias ameaças à vida estável e segura da classe média –, mas, ainda assim, algo nessa interpretação soa verdadeiro. Muitos, muitos tuítes sugeriram que a alienação experimentada por Gregor está intimamente ligada aos males do sistema capitalista. Um professor de física de Xangai escreveu: "Trata-se de quão rápido a sua família e a sociedade se voltariam contra você caso deixasse de ser produtivo ou mesmo conveniente", ganhando também muitas curtidas. Um engenheiro da Califórnia acrescentou: "Como provedor da família, sobrevivente de câncer, consigo me identificar totalmente com Gregor Samsa tentando dizer ao seu chefe que, sim, ele vai trabalhar, mesmo sendo um inseto gigante que tem dificuldade para sair da cama". Um psicólogo clínico entrou na conversa para dizer que a história é usada na formação em saúde pública para ensinar aos alunos sobre doenças e estigma.

Outros comentaristas do Twitter pensaram que *A metamorfose* não pertence a nenhum dos gêneros que Dawkins listou em seu tuíte e aventaram outros rótulos estéticos: "surrealismo", "existencialismo", "tragédia", "sátira", "absurdismo", "realismo mágico". Houve ainda os que questionaram essa abordagem, desafiando a suposição de que a identificação do gênero de um texto pode explicar seu significado. Talvez como biólogo habituado ao poder explicativo da taxonomia, Dawkins tenha demasiada fé no poder explicativo dos rótulos de gênero.

E houve aqueles que tentaram desvendar as suposições subjacentes sobre o valor literário no tuíte de Dawkins, usando termos como "utilitarismo", "elitismo", "ambiguidade", "complexidade", "canonização", "gosto", "objetividade" e "subjetividade". Alguns comentadores particularmente astutos relacionaram a sua interpretação da narrativa de Kafka a essas mesmas suposições: um dos que escreveram (interessado em história política e política) brincou que a história mostra o que acontece quando as pessoas são valorizadas apenas em termos de sua utilidade – tal como Dawkins teria deixado implícito: a literatura só tem valor quando tem uma utilidade clara.

Acontece que prestar muita atenção aos que consideram a escrita de Kafka resistente à interpretação é um exercício extremamente valioso: permite-nos compreender melhor as expectativas que os leitores tendem a ter em relação aos textos literários – como a ideia de que seu significado deve ser óbvio e inequívoco – e os mecanismos pelos quais Kafka subverte essas expectativas – por exemplo, apresentando-nos histórias que operam usando imagens evocativas e tentadoramente precisas e que nos provocam, deixando seu significado aberto à interpretação. Da mesma forma, vale a pena escutar leitores que descrevem como os livros que eles apreciam afetaram as suas vidas, por mais relutantes que fiquemos em fazê-lo; talvez estejamos treinados para nos sentirmos "nervosos pela estranha proximidade da literatura com a imaginação, a emoção e outras ideias suaves e confusas", como disse a estudiosa de literatura Rita Felski. No entanto, ouvir essas histórias nos permite reconhecer a recompensa intelectual e emocional que está à espera dos que insistem no desconforto que um escritor como Kafka gera em quem o lê. Isso não é apenas teoria literária: é literatura na prática, literatura tal como é importante para nós.

Então você quer que as pessoas saibam que Kafka escreveu em alemão?

Para enfrentar a desorientação criada pela escrita de Kafka, é útil prestar muita atenção tanto aos leitores que a consideram desanimadora como aos que a abraçam. Há, porém, outro tipo de complexidade em Kafka que precisamos compreender para apreciar plenamente o seu universo literário – e, aqui, as ferramentas mais tradicionais de um historiador literário serão úteis.

Percebi a importância dessa ideia na reunião de preparação da grande exposição Kafka, realizada em Oxford no ano de 2024. Imagine uma sala com cinco acadêmicos tentando destilar o que desejam que os visitantes – que, na maioria dos casos, não sabem muito sobre Kafka – aprendam a seu respeito. Todos nós naquela sala temos grandes concepções acerca dele: profeta da modernidade? Shakespeare do século XX? Porta de entrada para o mundo perdido da Europa Central multiétnica? E temos também nossos próprios interesses de nicho, os quais matizam e complicam infinitamente essas grandes concepções. Se conseguirmos concordar quanto ao que enfatizar em nossa história visual da vida, do trabalho e do pós-morte de Kafka é incerto.

"Então você quer que as pessoas saiam sabendo que Kafka escreveu em alemão?"

Sim, queremos! A questão do *designer* da exposição que trabalha conosco nos traz de volta ao chão. Agora: dependendo do quanto você, leitor, sabe sobre Kafka e de como se sente pessoalmente a respeito dos padrões da educação cultural, posso imaginar algumas reações diferentes que você talvez esteja tendo neste momento. Talvez zombe com impaciência e murmure para si mesmo: "*Todo mundo* sabe que Kafka escreveu em alemão; e se *não* sabem então é provável que também não estejam interessados em uma exposição de seus preciosos manuscritos!". Ou talvez você engula quadrado e diga que sim, sim, sim, claro, enquanto pensa consigo mesmo: "Eu devia saber disso, não é?!". Ou talvez você diga: "Ah, está certo, ele era um escritor alemão, entendi".

Contudo, esta última frase não está totalmente correta, e entender o porquê disso é crucial para compreender não só Kafka e sua obra, mas também o panorama literário e cultural mais amplo da Europa em seu tempo, e até mesmo os próprios fundamentos de como pensamos sobre literatura e cultura hoje. Para explicar o que quero dizer, considerarei esta declaração simples: "Kafka foi um escritor alemão" – e revelarei a complexidade irredutível que se esconde por trás dela.

Kafka não era exatamente alemão – ou austríaco, ou qualquer outro rótulo semelhante contendo uma só palavra. Seu mundo não pode ser claramente representado no mapa atual da Europa de língua alemã. Durante a maior parte de sua vida, foi súdito do Império Austro-Húngaro, e morava perto do seu extremo norte, em Praga, cidade então habitada por vários grupos étnicos e religiosos. Estes incluíam alguns judeus de língua alemã, como Kafka, mas eram predominantemente de cristãos de língua tcheca. Em 1918, seis anos antes da morte de Kafka, Praga se tornou a capital da Tchecoslováquia.

Até mesmo falar que Kafka era um judeu de língua alemã é mais uma aproximação do que a história inteira. Por um lado, como muitos na sua família e em seu círculo mais largo, ele não era um judeu praticante, nem esteve particularmente interessado na religião convencional, pelo menos durante a maior parte da sua vida. Por outro lado, era fascinado e, até certo ponto, familiarizado com a língua e a cultura ídiche dos judeus do Leste Europeu. Aprendeu um pouco de hebraico bíblico na escola e, no fim de sua vida, progrediu significativamente no hebraico moderno, até mesmo escrevendo alguns textos curtos para praticar. Também falava bem o tcheco – tão bem que a maioria dos linguistas de hoje o descreveria como bilíngue. Ele foi criado por uma empregada que falava tcheco, lia literatura tcheca na escola e fora dela, interagia regularmente com tchecos de várias classes sociais em seu trabalho e na vida privada, e por vezes até usava a versão tcheca do seu nome: František Kafka. E isso sem falar de outras línguas clássicas e modernas que ele aprendeu em variados contextos, mesmo que de forma imperfeita: latim, grego, inglês, francês e italiano.

Há uma forte tentação a simplificar histórias como essa. Se você for a uma livraria ou biblioteca, mesmo que seja altamente especializada, vai procurar Kafka em uma prateleira – e as prateleiras precisam estar rotuladas para serem encontradas. Então, por que não podemos simplesmente dizer que ele era um escritor alemão, já que escreveu suas obras literárias em alemão, e encerrar o assunto? Um argumento poderoso para insistir na captura das muitas camadas da identidade linguística de Kafka é que essa não é uma exceção, mas sim a regra. O multilinguismo – vários graus de familiaridade com duas ou mais línguas, muitas vezes linguisticamente muito distantes, utilizadas em diversos contextos sociais – é a forma como a maioria das pessoas em todo o mundo opera, tanto hoje como ao longo da história. E ter mais de uma versão do próprio nome pode parecer incomum para britânicos monolíngues, mas é algo familiar para a maioria dos imigrantes. Na Polônia, escrevo o meu nome com um diacrítico – Wątroba, o que altera a pronúncia (e o significado: por mais que eu acredite que outros devam ser capazes de escrever seus nomes com diacríticos e ter suas pronúncias respeitadas, não posso dizer que sinto muita falta em ser chamada de "fígado"!).

Da mesma forma, Kafka foi exposto não apenas a muitas línguas diferentes, mas também a muitas variedades diferentes de alemão. Ele conheceu – e leu – pessoas germanófonas de várias classes sociais de Praga, mas também de Viena, Berlim, Munique, Leipzig e diversos outros lugares. Mesmo assim, estudiosos mais antigos afirmavam que Kafka falava e escrevia um "alemão de Praga", entendido como um dialeto isolado e pobre, nativo de uma comunidade cada vez menor, e procuravam explicar as idiossincrasias de sua literatura dessa maneira – por exemplo, a suposta "pobreza" da sua linguagem. No entanto, como demonstrou o estudo mais recente e meticulosamente detalhado do linguista Marek Nekula, isso é um mito: embora Kafka por vezes tenha descrito a sua língua como "alemão de Praga", e seu alemão escrito e falado – até onde somos capazes de reconstruí-lo – contivessem algumas peculiaridades locais, eram muitas vezes comuns a regiões maiores, como a Áustria e o sul da Alemanha, e, de qualquer forma, com frequência ele os adaptava em cartas oficiais ou publicações literárias. As escolhas estilísticas de Kafka podem ser descritas como tendo conferido à sua prosa um toque despojado, mas uma qualidade semelhante num escritor etnicamente alemão de Berlim poderia ser mais prontamente descrita como, digamos, "límpida". Em outras palavras, embora o contexto local de Kafka em Praga seja, sob muitos aspectos, central para a história de sua vida e obra, como veremos no próximo capítulo, é enganoso tentar explicar a singularidade de sua escrita apresentando-o como um escritor isolado e provinciano, excluído do universo literário do grande mundo. Kafka era muito mais mundano, até mesmo urbano, do que seus leitores costumam supor.

Em última análise, os debates a respeito da proficiência de Kafka nas diversas línguas se baseiam, em primeiro lugar, em suposições questionáveis sobre como nós, humanos, usamos a língua. Não é verdade que insistir no *multilinguismo* de Kafka seja uma complicação desnecessária. Ao contrário, chamar Kafka de escritor *alemão* é, sim, uma delas. Os adjetivos pequenos e inócuos que estamos tão acostumados a ver ao lado da palavra "escritor" turvam as águas. Confundem nacionalidade, etnia, língua e por vezes religião – como no caso do termo "judeu" – e criam uma expectativa, ou expressam uma afirmação implícita, de que toda a literatura está ligada a uma formação cultural homogênea; em sua forma mais ortodoxa, indica uma nação que partilha uma etnia, uma religião e uma língua padrão. Essas formações culturais homogêneas, contudo, raramente existem – e, se existem, costumam ser resultado de políticas específicas, sobretudo educacionais, bem como de muita discriminação ou mesmo violência.

Esse também foi o caso de Kafka. Por causa de vários acontecimentos históricos, o alemão era a língua de prestígio social em meio ao povo judeu que vivia em Praga. Por isso, os pais de Kafka o enviaram para uma escola de língua alemã, embora quando criança ele falasse tanto tcheco quanto – se não mais do que – alemão. Por razões semelhantes, o alemão como língua literária tinha mais prestígio cultural do que o tcheco, para não falar no ídiche ou no hebraico, e possibilitou a Kafka acesso a um mercado literário muito maior e mais prestigiado. Peter Zusi, um estudioso de literatura interessado nos contemporâneos tchecos de Kafka, propõe uma experiência mental: podemos imaginar Kafka tendo a mesma fama global se tivesse escrito todos os seus textos em tcheco? A resposta é provavelmente não por razões que nada têm a ver com a capacidade da língua tcheca para o valor estético, mas sim com o tamanho e o prestígio internacional da cena literária tcheca da época, a posição cultural dos tradutores do tcheco e assim por diante.

Um conto de muitas placas

Podemos traçar excepcionalmente bem a complexidade e as nuances da identidade linguística e cultural de Kafka observando uma série de objetos que podem parecer enfadonhos à primeira vista, mas que, na realidade, dão pistas intrigantes sobre como Kafka foi percebido por vários grupos nacionais e étnicos ao longo dos anos: as muitas placas comemorativas erguidas nas décadas seguintes à sua morte.

Tudo começou com a lápide de Kafka no Novo Cemitério Judaico de Praga: um impressionante bloco de concreto em forma de cristal, projetado por um arquiteto local depois da morte de Kafka. A inscrição na lápide está em *hebraico* e contém seu nome hebraico – Anschel –, mas começa com seu nome escrito em *alemão*: Dr. Franz Kafka. Não é algo óbvio estar em alemão: afinal, os pais de Kafka publicaram dois obituários para o filho, um em alemão (para o Dr. Franz Kafka) e outro em tcheco (para o Dr. František Kafka). O fato de seu título de doutorado estar incluído nos três textos – ele era doutor em Direito – serve como um lembrete sutil da socialização de Kafka no Império *Austro-Húngaro* e sua famosa obsessão por títulos e por uma hierarquia social rígida.

Apoiada na lápide de Kafka, à qual foram acrescentadas inscrições em hebraico relativas aos seus pais quando eles morreram no início da década de 1930, está uma placa menor em homenagem às suas três irmãs, todas assassinadas em campos de concentração nazistas. Está inteiramente em *tcheco* e descreve Kafka como um "famoso escritor *judeu de Praga*" (grifo meu). Na parede oposta, há mais uma placa, dessa vez em homenagem a Max Brod. Colocada pela comunidade religiosa judaica de Praga, descreve Brod – em *tcheco* – como um escritor de *Praga* e propagador da cultura *tcheca* no exterior. Não menciona que, como Kafka, Brod escrevia em *alemão*. Termos como "alemão" ou "austríaco" estão, na verdade, totalmente ausentes dessas três placas comemorativas no Novo Cemitério Judaico de Praga.

Enquanto isso, numa casa em Berlim na qual Kafka viveu durante alguns meses no último ano de sua vida, há duas placas muito diferentes. Uma, na frente, em mármore branco, foi colocada pela República da *Áustria* e descreve Kafka como *austríaco*. No canto, há outra, em latão enegrecido. Afixada por um conselho *alemão* para as artes do pós-guerra, ela se abstém de nomear a nacionalidade ou etnia de Kafka. O mais recente acréscimo a essa família é um quadro informativo de plástico que se encontra ao lado de uma cabeça giratória de Kafka, a escultura ao ar livre de David Černý instalada em Praga em 2014. Ela descreve Kafka (em tcheco, mas junto a uma tradução em inglês imperfeita) como um "escritor *tcheco* de origem *judaica* que escreveu em *alemão*, tendo nascido e vivido em *Praga*" (novamente, itálicos meus). Note que mesmo esse longo e complicado rótulo não conta a história inteira, pois não menciona que, durante a maior parte de sua vida, Kafka foi um súdito do Império Austro-Húngaro.

Então, qual é a conclusão que se tira? Precisamos libertar Kafka do nosso desejo de simplificá-lo e enquadrá-lo num rótulo familiar não apenas porque são inescapavelmente imprecisos e enganosos, mas também porque – como veremos depois – a experiência de fugir aos rótulos simples foi central para a formação da imaginação literária de Kafka. De modo mais geral, a compreensão da identidade nacional na Europa do início do século XX era – pelo menos em alguns aspectos – menos arraigada do que é hoje. O que significava ser alemão e quem contava como tal, em particular, ainda estava longe de ser algo resolvido, e até ganhou uma designação especial: "a Questão Alemã".

A palavra alemã para "alemão", "*Deutsch*", vem do antigo termo para "povo", usado para distinguir os falantes de línguas germânicas dos falantes de línguas românicas ou celtas. Entre a Idade Média e as Guerras Napoleônicas, ou seja, durante quase mil anos, existiu o Sacro Império Romano-Germânico, que cobria áreas enormes da Europa. A certa altura, essa unidade política continha o que hoje é a Alemanha, a Áustria, a Suíça, quase todo o Benelux, bem como partes do leste da França, do norte da Itália, do oeste da Polônia e outras. Em 1848, foi feita a primeira tentativa séria de criar um Estado-nação alemão unificado, mas ela durou pouco, e foi debatida calorosamente a questão de saber com exatidão quais terras e povos fariam parte desse Estado. Por exemplo, foram concedidos aos judeus direitos iguais aos dos cristãos, mas isso não pôs fim às práticas discriminatórias em muitos territórios alemães. Outra questão controversa era a de se o Império Austro-Húngaro deveria fazer parte do novo Estado-nação alemão. Alguns eram a favor da chamada "Pequena Alemanha", que não incluiria a Áustria, enquanto outros defendiam a "Grande Alemanha", junto com a Áustria – cujo nome alemão, "*Österreich*", significa literalmente "reino oriental" – em sua fronteira sudeste. Outra opção, marginal, por vezes referida como "Grande Áustria", incluiria não apenas a Áustria, mas todas as terras dos Habsburgo. Depois de muito debate e conflito, foi a solução da "Pequena Alemanha" que prevaleceu quando o Império Alemão foi proclamado em 1871.

No entanto, isso não resolveu a questão de uma vez por todas. Durante a vida de Kafka, cunhou-se o termo "*Kulturnation*" para designar a ideia de que ser alemão tinha menos a ver com um Estado político e mais com uma herança cultural compartilhada. Concluiu-se que era possível ser alemão sem ser cidadão ou viver dentro do Império Alemão. O grande paradoxo da ideia de "*Kulturnation*" é que ela pode ser apreendida em direções radicalmente diferentes: por exemplo, poderia ser – e foi – usada para fornecer uma forma de identificação para os judeus de língua alemã ou para excluí-los da comunidade imaginária da nação, sobretudo porque o que constitui uma "herança cultural compartilhada" é algo muito complexo.

A escolha de conceitos nacionais, étnicos, linguísticos e religiosos aplicados a Kafka também foi sempre tensa e complexa, pois vários grupos procuraram celebrar o seu legado ao longo dos anos. Penso nessa complexidade irredutível da identidade de Kafka, na importância de normalizá-la e na maneira como o mundo anglófono, em particular, parece-lhe hostil, ao mesmo tempo que me enrolo em um casaco fino demais em um dia inesperadamente tempestuoso de abril em Praga. Estou à espera de que "*Hlava Franze Kafky*", de Černý, ou "A cabeça de Franz Kafka", comece sua próxima rotação, que dura meia hora.

Apesar da riqueza de lugares que foram significativos para Kafka em Praga, essa enorme instalação – com mais de dez metros de altura e pesando quase quarenta toneladas – foi colocada numa praça pequena e pouco atraente que não desempenhou nenhum papel em sua vida.

Está lá porque foi financiada pelo centro comercial genérico e moderno que fica em frente. Estou cercada por uma multidão considerável que se formou em torno da cabeça, composta de quarenta tiras curvas de aço inoxidável polido com vários quilômetros de cabos invisíveis enfiados debaixo dela. Por fim, a apresentação começa: tiras individuais começam a se mover em uma coreografia complexa, primeiro rápida, depois mais lenta, um quarto de hora de movimento hipnotizante; a cabeça de metal de Kafka vai se dissolvendo bizarramente em pedaços de metal apenas para se juntar mais uma vez após alguns segundos ou minutos.

A escultura é chamativa, e toda a sua superfície polida reflete o shopping center e a pequena praça ao redor dela. Contudo, por mais que eu tenha sido preparada para não gostar, não consigo desviar o olhar. Essa decomposição incessante de Kafka em elementos separados, projetando-se em todas as direções apenas para se fundir novamente numa cabeça gigante no final, não é uma má metáfora visual para a nossa contínua dificuldade em compreender a identidade dele. Podemos nos acostumar a pensar em todos os aspectos diferentes do seu Eu como separados ou mesmo incompatíveis, mas é assim que eles nos parecem: na verdade, encaixam-se com facilidade uns nos outros para formar um todo perfeito.

Cavaleiro de circo sobre dois cavalos

Depois de escrever a frase anterior, recostei-me e soltei um suspiro de satisfação. Você terá de me conceder este pequeno momento de possibilidade utópica. Na realidade, porém, a identidade composta de Kafka lhe causou problemas ao longo da vida. Em 1916, ele estudou as resenhas de *A metamorfose* publicadas no ano anterior. Em algum momento entre seus *dois* noivados, Kafka relatou em uma carta a Felice Bauer que uma resenha – publicada na prestigiada revista literária *Die neue Rundschau* (*A nova crítica*), sediada em Berlim, onde Bauer viveu – descreveu sua escrita como possuidora de uma qualidade "*urdeutsch*", "primitiva" ou "essencialmente" alemã, enquanto outra – escrita por Brod para o mensário *Der Jude* (*O judeu*), de Martin Buber – colocava as suas obras entre os "*jüdischsten Dokumente unserer Zeit*", "os documentos mais judaicos do nosso tempo". "Você não vai me dizer o que eu realmente sou", Franz implora a Felice, e continua respondendo à sua própria pergunta: "um caso difícil. Seria eu um cavaleiro de circo sobre dois cavalos? Infelizmente, não sou cavaleiro: estou prostrado no chão".

Esse pequeno comentário está repleto de implicações. Por mais impraticável que pareça a posição do cavaleiro de circo, ou melhor, do não cavaleiro, é difícil resistir à impressão de que, nessas duas linhas, Kafka nos fornece um pequeno e estranho vislumbre da fonte de sua criatividade. Seus textos literários estão cheios de cavalos, cavaleiros, circos, imagens impressionantes que lembram um "cavaleiro de circo sobre dois cavalos" e paradoxos furtivos nos moldes de um cavaleiro que acaba por não ser cavaleiro, mas cai de cara no chão. Essa observação, numa carta a Bauer, assemelha-se, de fato, à microficção de Kafka – peças literárias extremamente curtas, muitas vezes semelhantes a fábulas, parábolas, aforismos ou mesmo *koans* budistas, tanto os primeiros exemplos recolhidos no seu primeiro livro publicado, *Betrachtung* (*Contemplação*, 1912), como os mais tardios, escritos em 1917-1918 e conhecidos como *Os aforismos de Zürau*. Aqui vai um exemplo do primeiro, intitulado "Desejo de se tornar índio":

> Se realmente fosse um índio, desde logo alerta e, em cima do cavalo na corrida, enviesado no ar, se estremecesse sempre por um átimo sobre o chão trepidante, até que se largaram as esporas, pois não havia esporas, até que se jogaram fora as rédeas, pois não havia rédeas, e diante de si mal se viu o campo como pradaria ceifada rente, já sem pescoço de cavalo nem cabeça de cavalo!

Essa fantasia em miniatura projeta o desejo ardente de liberdade do narrador sobre um indígena imaginário, identificado por meio de um termo europeu antiquado (o vocábulo alemão de Kafka é "*Indianer*", portanto não se baseia em uma terminologia colorista não científica e desatualizada para etnia como a tradução em inglês ["*Red Indian*"], mas ainda reflete uma ótica europeia, externa ao mundo dos povos indígenas). O que liga esse pequeno quadro à observação de Kafka na carta a Bauer é que ambos traçam um paralelo implícito entre a equitação e a identidade pessoal, de um lado, e o ato de escrever, de outro.

Na carta, Kafka medita sobre a identidade autoral que seus leitores projetam em seus textos e se ele conseguirá sobreviver sob o peso das expectativas deles. Em *Contemplação*, o texto se desenrola em uma frase inquieta e febril, inacabada em alemão, que começa com "*wenn doch*", "se realmente": um desejo que não pode ser realizado. A impressão da velocidade vertiginosa do cavaleiro é criada através de uma rápida sucessão de frases curtas. No entanto, uma imagem mental desse cavaleiro num continente distante é evocada na primeira metade da frase apenas para depois ser desmantelada, pouco a pouco, frase por frase: sem esporas, sem rédeas, quase nenhuma terra à frente, o cavalo sem cabeça, sem pescoço, o cavaleiro prestes a se tornar "sem piloto" também, como na carta de Kafka. Por várias vezes, os escritos de Kafka chamam a nossa atenção para a rapidez com que as identidades podem cambiar e mudar, transformando-se a cada momento. Um cavalo e um cavaleiro se tornam uma ausência de tudo o que os definia; um homem comum acorda um inseto monstruoso.

Aqui vai outro exemplo, o primeiro aforismo de uma coleção editada e publicada por Brod em 1931:

O verdadeiro caminho passa por uma corda que não está esticada no alto, mas logo acima do chão. Parece mais destinada a fazer tropeçar do que a ser trilhada.

Aqui não há circo, nem cavalos – e ainda assim existe uma imagem semelhante, a de uma pessoa que mantém cuidadosamente o equilíbrio numa posição desafiadora, seja numa corda bamba, seja nas costas de dois cavalos; mas, num piscar de olhos, o texto muda sem aviso e somos convidados a imaginar alguém se desequilibrando. Ou, como na carta a Bauer, alguém já "prostrado no chão". Os três textos parecem pertencer à mesma família – profundas reflexões metafísicas sobre a precariedade existencial, sobre a nossa relação com o mundo, através do qual nos movemos muito instáveis, elaboradas numa linguagem de passeios a cavalo, circos e cordas bambas.

Embora poucas obras de Kafka tenham chegado aos leitores durante a sua vida, e as publicadas não tenham vendido bem, elas foram amplamente resenhadas. É verdade que muitas dessas resenhas foram escritas por amigos de Kafka, ou por contatos de Brod, ou, como vimos, pelo próprio Brod. Outras, porém, vieram de críticos que não conheciam Kafka pessoalmente e surgiram em jornais e revistas de toda a Europa de língua alemã: não apenas na imprensa de língua alemã em Praga, mas também em Viena e Berlim, bem como em Leipzig – onde estava o editor de Kafka, Kurt Wolff –, Munique, Frankfurt, Stuttgart e Berna. Muitas críticas eram positivas, algumas até deferentes.

Contudo, nem os seus críticos nem o próprio Kafka poderiam conceber uma paisagem cultural em que "alemão" e "judeu" não fossem antíteses, mas sim dois aspectos da experiência de uma pessoa – embora as obras de Kafka representem exatamente isso. Como o sentimento antissemita estava em ascensão na Alemanha do entreguerras, era mais provável alguém se deparar com um escárnio como este, publicado em 1921 num jornal de direita de Berlim, como um comentário a um longo ensaio sobre Kafka no prestigiado *Neue Rundschau*: "Já foi o tempo em que escritores *alemães* eram discutidos aqui" – em oposição a *judeus*, presumivelmente. Para esse comentador, Kafka com certeza *não* era alemão.

Esse crítico teria dificuldade de compreender que Kafka não só poderia ser alemão e judeu como a sua experiência vivida era ainda mais ampla. Se Kafka tivesse citado mais extensivamente a resenha em *Die neue Rundschau* em sua carta a Bauer, poderia ter mencionado que ela discutia seu trabalho ao lado do de Gustav Meyrink e Kasimir Edschmid. O primeiro escreveu *O golem*, um romance fantástico inspirado nas lendas de um rabino que realiza experiências alquímicas no gueto judeu medieval de Praga. Para o resenhista, o primeiro nome do último – Kasimir – "parece também sugerir algo eslavo". A resenha prossegue: "Lá se formou um centro literário, o que é muito estimulante para um geógrafo literário... esses três fantasistas estão no extremo sul do pêndulo alemão". Então, Kafka não é apenas alemão e judeu: aparentemente, também é marcado pela proximidade do domínio eslavo, o misterioso extremo sudeste da Europa.

No caso de Kasimir Edschmid, contudo, isso era uma ilusão. Tratava-se de um pseudônimo adotado por Eduard Schmid, que nasceu na Suíça e passou a maior parte da vida na Alemanha. Em sua própria resenha de *A metamorfose*, Edschmid escreve sobre Praga e a sua nova literatura "misteriosa", "milagrosa" e "espiritual" desta forma: "Aqui ainda é a

Europa, ainda é a Alemanha, mas já estamos na fronteira da Ásia. Aqui começa o Oriente". Tanto o seu devaneio entusiasta como as reflexões dos seus críticos evocam uma narrativa secular e clichê, difundida pelas terras de língua alemã, segundo a qual os povos eslavos eram fundamentalmente diferentes, selvagens e misteriosos. Quer Edschmid estivesse consciente disso, quer não, na maioria das inflexões dessa narrativa "diferente, selvagem e misterioso" também significava "culturalmente inferior" – e, por extensão, carecendo de extrema necessidade de colonização germânica. Como mostra o fascinante livro de Kristin Kopp, *Germany's Wild East: Constructing Poland as Colonial Space*, isso muitas vezes levou preconceitos racistas contra os asiáticos a se coadunarem com um sentimento antieslavo; durante a vida de Kafka, a Europa Oriental seria por vezes apelidada de "Meia-Ásia". Os comentários de Edschmid sobre Praga como porta de entrada para a "Ásia" e o "Oriente" se enquadram nesse padrão mais amplo.

A experiência da diversidade cultural de Kafka certamente ajudou a moldar a sua escrita, mas o desejo de explicar a surpreendente originalidade de sua obra por meio da sua proximidade com terras eslavas é um reflexo de estereótipos antigos e exóticos sobre a região. Sou mais simpática ao raciocínio um tanto diferente de um crítico austríaco de herança judaico-húngara, escrito para outro jornal de Berlim, dessa vez sobre a obra *Contemplação* de Kafka: "Esses livros deprimentes (e ainda assim brilhantes) só são escritos em Estados sem uma política violentamente expansionista". Ele continua: "O que Kafka diz parece ser algo sussurrado por um dos poucos personagens gentis e quietos jogados contra a parede, do tipo que só pode ser encontrado em algum lugar nos reinos e terras representados pelo Conselho Imperial Austríaco". Uma razão pela qual Kafka se tornou Kafka é que ele nasceu nas franjas do mundo de língua alemã, nas províncias de um império decadente e impotente que desapareceria do mapa durante a sua vida, e não no poderoso Império Alemão, que pretendia rivalizar com as nações coloniais mais beligerantes da Europa.

Uma educação alemã

A sensibilidade de Kafka era afinada com tais reflexões. Viajando com Brod para a Suíça, ele anotou o que chamou de "estatística patriótica": "o tamanho da Suíça se ela fosse plana". Sua área com certeza seria maior do que a do Império Alemão, explicou Brod, que também anotou essa piadinha. Alguns anos antes, quando Brod mencionou o nome de Kafka no fim de um artigo sobre obras novas e interessantes escritas em alemão, embora nenhuma obra sua ainda tivesse sido publicada, Kafka respondeu que claramente nenhum leitor alemão estaria desesperado o suficiente para ler o fim desse artigo, e, assim, nenhum tomaria conhecimento de seu nome. "Mas a questão é outra com os alemães no exterior", escreveu ele numa carta a Brod, "nas províncias bálticas, por exemplo, ou, melhor ainda, na América, ou sobretudo nas colônias alemãs; pois o alemão abandonado lê a revista de ponta a ponta. Assim, o centro da minha fama deve ser Dar es Salaam, Ujiji, Windhoek." Embora esses comentários claramente não pretendessem ser sérios, ainda assim mostram quão sensível Kafka era às gradações sutis das dinâmicas de poder no mundo de língua alemã.

Uma consequência dessas dinâmicas foi que a educação literária recebida na escola tendia para o conservadorismo e o nacionalismo. No seu exame de conclusão de curso de alemão, em vez de discorrer sobre quaisquer obras literárias, Kafka teve de descrever as vantagens da situação geopolítica da Áustria: esse era o tipo de tema que sua educação escolar abordava. A literatura, contudo, também estava incluída no currículo, e aqui os autores austríacos não estavam exatamente ausentes, mas eram decididamente menos enfatizados do que os grandes nomes do cânone nacional tradicional *alemão*: Lessing, Goethe, Schiller e Kleist.

Paremos e consideremos que tipo de nação esse cânone representava de fato. Lessing cresceu nos limites da Lusácia, uma região que hoje está dividida entre a Alemanha e a Polônia e há muito é habitada pelos sorábios, um grupo étnico eslavo que tem uma identidade linguística e cultural própria. Ele escreveu seu famoso tratado de estética *Laocoonte* enquanto trabalhava em Breslau – hoje Wrocław na Polônia, mas, ao longo dos séculos, sob domínio polonês, tcheco, dos Habsburgo, da Prússia e da Alemanha. Kleist nasceu e estudou em Frankfurt an der

Oder, uma cidade cujo setor oriental se tornou parte da Polônia depois de 1945, e o rio que lhe dá nome – o Óder – serve agora como fronteira nacional. Como Lessing e Kleist, Goethe e Schiller escreveram suas obras décadas antes da unificação da Alemanha, em 1871, que simplesmente não existiu como Estado-nação durante a maior parte da história europeia mesmo que sentimentos nacionais estivessem presentes de alguma forma na escrita desses autores. As obras desses homens, estrategicamente selecionadas e interpretadas de maneira apropriada, foram mais tarde usadas para construir um cânone que deveria determinar e policiar com cautela as fronteiras entre a nação alemã e seus "Outros", tais como judeus e eslavos, até mesmo – ou sobretudo – diante de sua proximidade.

Não é de admirar que Kafka tenha tido dificuldade em abraçar o rótulo de escritor "*urdeutsch*", como se lê em sua carta a Bauer. O foco de suas aulas de alemão na escola também era em poesia e drama, e não em prosa, que havia muito era vista como um modo literário inferior – mas foi precisamente essa a forma que ele adotou como sua. Esse descompasso entre a literatura alemã tal como lhe foi ensinada e o modo como ele próprio a praticava persistiu durante a universidade. Kafka frequentou as aulas de August Sauer, que adotava tons chauvinistas numa tentativa de afirmar a superioridade da literatura e da cultura alemãs sobre suas contrapartes tchecas, ou, mais genericamente, "eslavas". Kafka não aguentou e deixou de assistir às aulas.

Ele, contudo, de fato valorizava os escritos de clássicos alemães, como os de Goethe e Kleist. Muitos dos primeiros críticos compararam suas obras às novelas de Kleist, e, em 1912, Kafka agarrou a oportunidade de seguir os passos de Goethe em uma viagem a Weimar e dar uma olhada em alguns de seus manuscritos, mesmo que tenha ficado desanimado com o nome pomposo da casa de Goethe: "Goethe-Nationalmuseum", "Museu Nacional Goethe". Kafka esteve lá oitenta anos depois da morte de Goethe – um período comparável ao que hoje nos separa da morte do próprio Kafka. Ao perceber isso, mergulhei avidamente nas anotações de diário que registram essa viagem, em busca de mais pistas sobre como Kafka tratou seu antecessor canônico, na esperança de que pudéssemos aprender algo ao lidarmos com o nimbo canônico do próprio Kafka.

No entanto, ele parece ter gastado a maior parte de seu tempo e energia em Weimar tentando sair com a filha de 16 anos do zelador da casa de Goethe, com quase metade de sua idade e chamada – entre todos os nomes – de Grete, como a jovem heroína do *Fausto* de Goethe, que é seduzida pelo estudioso e sofre consequências trágicas. Em seu diário, Kafka anota apressadamente as suas impressões: "Casa de Goethe. Salas de recepção. Vislumbre do escritório e do quarto de dormir. Visão triste que lembra avós mortos. Esse jardim cresce continuamente desde a morte de Goethe. A faia escurecendo seu escritório". Impressões bastante inocentes, familiares a mim desde minha visita a Weimar, muitas décadas depois. Mas, então: "Ela já havia passado por nós com sua irmã mais nova quando estávamos sentados ao pé da escada. Em minha memória, o molde de gesso de um galgo ao pé da escada se associa a essa corrida. Então a vimos novamente na sala Juno, depois olhando da sala do jardim. Muitas outras vezes pensei ter ouvido seus passos e sua voz". Não há como saber com exatidão o que aconteceu entre Kafka e Grete; Brod chamou o flerte de Kafka de "bem-sucedido". Fico desconcertada com essa história, que parece uma reconstituição desagradável feita por Kafka do *Fausto* de Goethe.

Num trem por terras alemãs

Entre dois semestres acadêmicos, com a história da viagem de Kafka a Weimar ainda fresca na memória, fiquei livre para começar minha própria viagem em busca do Kafka "alemão". Mas como fazê-la? Onde encontrá-lo? Como já vimos, Kafka é talvez o mais famoso escritor de língua alemã de todos os tempos, porém viveu à margem daquilo que normalmente consideramos a Europa de língua alemã. Mesmo assim, ficou apaixonado por Berlim, onde esteve diversas vezes – inclusive em 1923 e 1924, pouco antes de sua morte. Ele também viajou a outras cidades e vilas da Europa, sempre de trem. E assim, num dia frio do início da primavera, também eu pego um trem, primeiro de Oxford para Londres, depois de Londres para Paris e, por fim, de Paris para Zurique. Em seguida, pego um trem-leito de lá para Berlim. De Berlim é fácil viajar para Praga, Viena ou... Marbach am Neckar.

É ali que se localiza o maior arquivo literário da Alemanha: uma pacata cidade ao norte de Stuttgart, conhecida principalmente como o local de nascimento de Friedrich Schiller. Seus muitos tesouros literários incluem um número substancial de manuscritos de Kafka, alguns de propriedade conjunta com a Biblioteca Bodleian em Oxford. Kafka, contudo, não tinha nenhuma ligação com o local em si ou com essa parte da Alemanha. Muitos dos seus manuscritos passaram décadas trancados num cofre de banco em Zurique. Kafka de fato visitou essa cidade em 1911 na companhia de Brod. Decido fazer uma parada ali também. Embora ele tenha passado apenas cerca de dez horas em Zurique, as profundezas da kafkologia são tão grandes que temos um registro extremamente detalhado de seu tempo lá, baseado nos diários dele e de Brod – uma reconstrução meticulosa de sua rota e de várias atividades, esboçadas com mapas históricos e fotografias.

Talvez o detalhe mais assustador seja este: da estação ferroviária, Kafka e Brod desceram a Bahnhofstraße – no passado e agora uma das ruas comerciais mais luxuosas da Europa, repleta de boutiques, cafés e bancos. Ela tem uma aparência artificial e irritantemente refinada – e aparentemente já era assim havia mais de um século. James Joyce, que viveu em Zurique durante a Primeira Guerra Mundial e escreveu a maior parte do *Ulisses* lá, supostamente disse uma vez que a rua era tão limpa que era possível tomar um *minestrone* direto do chão. Em 1911, Kafka admirou os edifícios de dois bancos na Bahnhofstraße: o Credit Suisse (na época denominado Eidgenössische Creditanstalt) e o Schweizerische Nationalbank. Algumas horas depois, ele estava de volta ao trem e continuava sua viagem pela Suíça, que culminaria em uma de suas primeiras estadias em sanatórios – anos antes de ser diagnosticado com a tuberculose que acabaria por matá-lo, quando a estadia ainda parecia uma pausa inócua das obrigações do trabalho e da vida cotidiana. Mal sabia ele que, apenas dois anos depois de sua visita a Zurique, os bancos que o deixaram admirado seriam ofuscados por uma nova sede do UBS na Bahnhofstraße, o banco que acabaria por albergar a maior parte dos seus manuscritos durante várias décadas.

O diário do Kafka daquele ano parece um catálogo confuso e sem filtro de várias pessoas que ele conheceu em suas viagens, começando – em janeiro – com um homem magro que comia salsicha em seu vagão de trem ("um passageiro muito magro devorava presunto, pão e duas salsichas, cujas cascas ele raspava com uma faca até ficarem transparentes"), enquanto Kafka observava o enorme pênis do homem saliente nas calças. No entanto, nenhum leitor anglófono estaria familiarizado com essa imagem nada apetitosa, uma vez que a única tradução inglesa dos seus diários disponível até 2023 omitiu essa frase. A nova tradução de Ross Benjamin preenche essa lacuna: "Seu membro aparentemente considerável faz uma grande protuberância nas calças".

Enquanto está no sanatório, um novo conhecido em particular chama a atenção de Kafka. É um jovem judeu de Cracóvia, que acaba de voltar de um período de dois anos de trabalho nos Estados Unidos ("Ele tinha cabelos compridos e encaracolados, só ocasionalmente passava os dedos por eles, olhos muito brilhantes, nariz com uma leve curvatura, bochechas encovadas, terno de corte americano, camisa puída, meias caindo"). Kafka acha que ouve um sotaque inglês em sua fala, e expressões idiomáticas inglesas também se infiltram nela; eles tornam seu alemão "*unruhig*" – "inquieto", como os sonhos dos quais Gregor Samsa acorda para se ver transformado em um inseto monstruoso no início de *A metamorfose*. Essa produtiva inquietação logo levará Kafka a transformar em literatura seu encontro casual com um jovem emigrante de Cracóvia: ele o transformará em Karl Roßmann, o protagonista de *O desaparecido*, um adolescente do Leste Europeu que viaja sozinho para a estranha e fictícia "Amerika" de Kafka e que luta para se orientar nesse novo país desconhecido.

Viagem entre a Europa Oriental, a Europa Central, de língua alemã, e a Ocidental, de língua inglesa; encontros casuais com estranhos; Kafka, que faz deles literatura; o século que se situa entre a sua vida e a nossa; e a sombra de um jovem de Cracóvia, que mistura alemão e inglês enquanto fala, o homem que se torna o herói imigrante de Kafka, Karl. Sinto que encontrei um ponto de apoio no mundo de Kafka. E uma última coisa: "Roßmann" significa "cavaleiro".

Viena e Berlim

Tal como o cavaleiro de circo sobre dois cavalos, esse jovem de Cracóvia é outra figura que ocupa o espaço liminar em que Kafka aparentemente registra a sua vida, mas que, durante o processo, acaba por transformar em literatura: ao mesmo tempo fato e ficção. Aqui, mais uma vez, é o encontro visceral com uma identidade cultural multifacetada que estimula a imaginação de Kafka. Por esse motivo, em minha busca por Kafka, prefiro seguir o caminho tortuoso: é por isso que desço do trem primeiro em lugares como Marbach e Zurique, mesmo que eles não pareçam oferecer *diretamente* a chave para a geografia mental de Kafka na Europa de língua alemã. Tal rota me permite apreciar melhor as tensões, os meandros e as estruturas de poder do universo alemão de Kafka, infinitamente mais complexo do que uma simples díade entre Berlim e Viena (em Zurique, maravilhado, ele disse a Brod sobre o dialeto local: "o alemão se espalhou como chumbo").

No entanto, agora eu deveria optar pelos canhões, não deveria? Berlim e Viena? Ah, Viena. Kafka não tinha muito respeito por aquela que foi, durante a maior parte da sua vida, a capital imperial do seu país, progressivamente chegando à paralisia à medida que a burocracia dos Habsburgo atingia proporções gigantescas nos anos que antecederam a Primeira Guerra Mundial. O seu desprezo era generalizado naquela época; com frequência, Viena era comparada, explícita ou implicitamente, a Berlim – e ficava aquém: menor, menos progressista, menos excitante. Para Kafka, era um "*absterbendes Riesendorf*" – uma "aldeia gigantesca em decadência" ou, literalmente, "moribunda". Que coincidência cruel o fato de o próprio Kafka ter acabado por morrer num sanatório em Kierling, um pouco além do extremo norte da cidade, tendo evitado, durante toda a sua vida, viajar para Viena a menos que fosse absolutamente necessário. Quando faleceu, ele era um cidadão tcheco e Viena ficava no exterior. Hoje, os turistas que seguem os passos de Kafka podem visitar uma reconstrução do quarto do sanatório onde ele passou seus últimos dias.

O plano inicial nas últimas semanas de vida de Kafka, porém, era mandá-lo para Davos, nos Alpes suíços – que, devido aos seus numerosos sanatórios, era a cidade mais famosa do mundo para quem sofria de tuberculose, prestes a ser imortalizada no romance *A montanha mágica*, de Thomas Mann, publicado poucos meses depois da morte de Kafka. Essa obra era e ainda é meu romance favorito; então, fiquei satisfeita ao descobrir que Mann e Kafka liam e admiravam o trabalho um do outro.

A estranha coincidência entre a morte de Kafka por tuberculose na vida real e a publicação do clássico tratamento literário de Mann acerca da doença parece simbólica, como se fosse uma mensagem tácita, porém urgente, sobre a relativa seriedade da vida e da literatura. A dolorosa luta de Kafka contra a tuberculose, que durou sete anos, pode lançar uma luz desfavorável sobre a sofisticada ficcionalização de Mann a respeito de um retiro de sete anos num luxuoso sanatório suíço. Muitos leitores são atraídos a Kafka precisamente por causa dessa impressão de autenticidade mais profunda, ou do imediatismo da experiência. A escrita de Kafka pode não ter a elegância polida da de Mann, mas oferece outras recompensas.

Frequentemente, ainda encontro maneiras de olhar para além de Viena ao tentar escrever sobre a experiência de Kafka naquela cidade. Algo semelhante aconteceu com o próprio Kafka. Em setembro de 1913, ele foi a Viena em uma viagem de trabalho. Deveria participar do Segundo Congresso Internacional para Serviços de Resgate e Prevenção de Acidentes – e de fato ali compareceu. Ao mesmo tempo, porém, outro evento disputava sua atenção: o Décimo Primeiro Congresso Sionista, reunido em Viena na mesma época. Organizado pela primeira vez por Theodor Herzl em 1897, tinha o objetivo de promover a imigração judaica para a Palestina. Kafka participou também de algumas sessões desse congresso. Alguns dos seus amigos o achavam um sionista, mas, como explico no Capítulo 4, sua atitude em relação ao sionismo era muito mais complexa. Numa carta a Felice Bauer, ele descreveu os discursos do congresso como "*ergebnislos*": "inconclusivos", ou "sem resultado". Contudo, tanto antes como depois do congresso, ele considerou a possibilidade de se mudar para a Palestina; no coração de Viena, Kafka ouvia discursos sobre a vida em outros lugares.

Agora, Berlim era diferente. Tratava-se de um centro cultural e uma grande metrópole, sobretudo para os padrões do início do século XX. Na década de 1920, sua população ultrapassava os 4 milhões, o que a tornava uma das maiores cidades do mundo, rivalizada apenas por

Nova York, Londres, Paris e Tóquio. Curiosamente, embora as quatro nações que abrigavam essas cidades tenham continuado a se expandir e sejam hoje o lar de muito mais pessoas do que na década de 1920, Berlim encolheu: nunca se recuperou totalmente da destruição da Segunda Guerra Mundial, e sua população ainda não atingiu os níveis que Kafka testemunhou. Na década de 1920, contudo, sua população crescia célere e Berlim mudava rapidamente para acomodá-la. Construções subiam por toda a cidade usando tecnologia moderna para levantar novos edifícios e fazer projetos de infraestrutura; os transportes públicos desempenhavam um papel cada vez mais importante na vida cotidiana; havia novas lojas com vitrines sofisticadas e iluminadas com a nova iluminação elétrica. O velho e o novo coexistiam na cidade naquele momento: nas ruas, bondes elétricos surgiam ao lado de carruagens puxadas por cavalos, e vitrines chamativas e sistemas de transporte e comunicação tecnologicamente avançados contrastavam com numerosas famílias que lutavam para sobreviver, sem emprego, presas em habitações inadequadas em bairros pobres, sem se beneficiar do crescimento econômico celebrado nas ruas do centro de Berlim.

Kafka foi pela primeira vez a Berlim durante uma curta viagem em 1910. Voltaria muitas vezes, teria sonhos vívidos com ela, fantasiaria se mudar para lá em definitivo durante anos, ficaria noivo duas vezes de Felice Bauer, que vivia ali, e por fim o conseguiria, em 1923, quando sua saúde já estava em sério declínio e a capital alemã se encontrava em meio a uma inflação sem precedentes. Não era bem a Berlim excitante e implacavelmente moderna dos cabarés, da arte de vanguarda e da política de Weimar. Kafka ficou hospedado em três apartamentos diferentes em áreas suburbanas no sudoeste da cidade, que acabavam de se tornar formalmente parte de Berlim. De vez em quando se aventurava no centro, mas achava-o cansativo, barulhento e desagradável, sobretudo devido à progressão da sua doença. Contudo, mesmo em suas visitas anteriores, ele nunca se sentiu à vontade frequentando cafés elegantes com os literatos boêmios que eram populares à época, apesar de sua fantasia contínua com uma vida de escritor em tempo integral.

Kafka acabou morando em Berlim por apenas seis meses, mas a sua estada lá tem ocupado a imaginação dos leitores há muitas décadas, e por vários motivos. Em primeiro lugar, para um escritor que passou quase toda a vida até então num raio de dois quilômetros do centro de Praga, mas que tantas vezes ralhou com sua cidade natal e fantasiou viver em outro lugar, esse ato final e desesperado de se mudar para Berlim é muito comovente. E Kafka não apenas se mudou, mas também foi morar com uma mulher. Bem, não exatamente: Dora Diamant, uma ativista que trabalhava com crianças judias refugiadas da Polônia, onde ela mesma nascera, e que Kafka conhecera menos de dois meses antes de sua mudança, jamais dividiu formalmente uma casa com ele, mas assumiu o papel de sua cuidadora e o visitava quase todos os dias. Nenhum dos relacionamentos anteriores de Kafka, incluindo seus três noivados, o levou a tamanha proximidade física a uma mulher.

Em Berlim, Kafka continuava a escrever sobretudo cartas e contos que refletiam indiretamente detalhes curiosos de sua vida cotidiana na cidade. No entanto, talvez o seu texto mais notório de Berlim seja aquele que não podemos ler: o seu romance infantil.

A boneca de Kafka

Bem, se esse romance de fato existiu, nunca saberemos com certeza, mas a história de Dora Diamant sobre ele não parece implausível e não há fortes razões para duvidar dela. Em uma de suas caminhadas frequentes em um parque local, Kafka e Diamant encontraram uma garotinha chateada. "O que houve?", perguntou Kafka. A menina respondeu, entre lágrimas, que havia perdido a sua boneca. Para confortá-la, Kafka inventou uma pequena história na hora. A boneca tinha ido viajar, o que ele sabia porque ela lhe enviara uma carta. Ele a traria no dia seguinte, no parque.

Kafka voltou para casa e escreveu a primeira de cerca de vinte cartas, cheias de detalhes humorísticos, nas quais a boneca contava as suas aventuras, que culminavam em um casamento e na decisão de se estabelecer longe de sua casa em Berlim. Kafka levou uma carta nova ao parque todos os dias durante "pelo menos três semanas", lendo-a para a menina, explicou Diamant. Levava essa tarefa a sério: "Ele começava a trabalhar tão seriamente quanto se fosse escrever literatura", ela lembrou. Era assim que lidava com todos os seus escritos: "Ele ficava sempre nesse estado de espírito agitado quando se sentava à mesa, mesmo que tudo o que tivesse para escrever fosse uma carta ou um cartão-postal". Até mesmo, ou sobretudo, se viesse de uma boneca fictícia.

Se essa história for verdadeira, Kafka escreveu um romance epistolar infantil no último ano de sua vida. Será que ele de fato adotou "a linguagem das bonecas", como disse o escritor Anthony Rudolf? Uma proposta sedutora e que intuitivamente faz sentido: de qualquer forma, os textos de Kafka que sobreviveram muitas vezes têm um aspecto de conto de fadas, pois apresentam inúmeras criaturas sencientes e inteligentes que não são exatamente humanas, que desafiam a lógica tradicional e que costumam ser escritas com uma linguagem muitas vezes enganosamente simples. Diversas pessoas que conheceram Kafka também se lembravam dele como amigável com as crianças, ou mesmo um tanto infantil, já na idade adulta. Por último, mas não menos importante, o que há de mais tocante na história da boneca é que ela parece a biografia do próprio Kafka. Segundo o relato de Diamant, a boneca "já estava farta de viver sempre na mesma família"; ela desejava uma "mudança de ares". Kafka expressou várias vezes sentimentos parecidos em relação à sua própria família, até que por fim agiu de acordo com eles e se mudou para Berlim. É tentador imaginar que refletiu sobre essa tão esperada mudança na forma de um livro infantil.

No entanto, mesmo que Diamant – que trabalhava com crianças judias refugiadas do Leste Europeu quando Kafka a conheceu – tenha inventado essa história, ela é muito sedutora, porque capta um lado da personagem Kafka que durante muito tempo permaneceu invisível aos relatos críticos dominantes da sua vida e da sua obra. Literalmente.

Veja as capas de dois livros influentes sobre Kafka. Marthe Robert, uma das primeiras estudiosas francesas de Kafka, a quem Diamant contou a história da boneca perdida na década de 1950, publicou, na década de 1970, um livro intitulado *Seul, comme Franz Kafka* – ou, em tradução para o português, *Sozinho, como Franz Kafka*. Na capa da edição francesa, há uma fotografia familiar de Kafka: um chapéu-coco sobre um olhar melancólico, uma mão desamparada cruzada sobre o colo. Ou será que é? Dê uma olhada na capa de outro livro, dessa vez uma tradução para o inglês de *Franz Kafka. Bildern aus seinem Leben* (*Franz Kafka: Pictures of a Life*), de Klaus Wagenbach, um dos mais ilustres estudiosos de Kafka. Apresenta a mesma fotografia, mas cortada de forma diferente, de modo que, à direita de Kafka, podemos ver um cachorro. Na verdade, Kafka está fazendo carinho nas costas peludas dele. Não tão desamparado, não é? Bem, a coisa fica ainda melhor se examinarmos a fotografia original. Descobrimos que ao lado do cachorro está sentada uma mulher jovem e sorridente fazendo carinho nas costas do cachorro, assim como seu companheiro, o "solitário" Franz Kafka.

A mulher foi identificada como Juliane Szokoll, garçonete de um bar de Praga, que atendia pelo nome de Hansi, e com quem Kafka teve um caso quando tinha vinte e poucos anos, segundo Brod. Esse é um exemplo de remoção das relações sociais de Kafka de sua vida, o que pode ser feito com um foco seletivo sobre algumas passagens de seus diários e cartas em detrimento de outras, com uma ênfase exagerada em alguns temas de seus romances e contos em detrimento de outros, ou, como aqui, cortando fotografias para que Kafka apareça mais como um cavalheiro solitário e pensativo do que como um homem da cidade, um amigo ou mesmo um amante, alguém que gostava de cães e era gentil com eles – a história que a fotografia como um todo nos mostra.

Agora, compare com outra imagem: Kafka sorrindo socialmente, as mãos cruzadas sobre as pernas também cruzadas de modo despreocupado, sentado em um banco de parque ao lado de uma garotinha, os dois trocando olhares astuciosos sobre uma pilha de cartas. Essa é a capa de *Kafka and the Doll*, o livro infantil recente de Larissa Theule ilustrado por Rebecca Green. É uma ficção – mas essa versão de Kafka capta um lado de sua personalidade que tem sido muitas vezes deixado de fora e, portanto, pode funcionar como um contrapeso útil à imagem de um homem taciturno e solitário que olha para nós através das capas de inúmeros outros livros.

Leitores em espera

Mais uma lição importante da narrativa de Kafka e a boneca? Como muitas outras histórias neste livro, ela nos mostra uma procissão de leitores que estão bem longe de serem apenas receptores passivos da palavra do escritor, mas que, sim, estão investidos emocionalmente e, em alguns casos, até prontos para intervir e pegar na pena eles mesmos. *Kafka and the Doll* é um entre mais de uma dúzia de livros e histórias – ao lado de um show de marionetes polonesas, especialmente adequado porque é chamado de "teatro de bonecas" em polonês – que surgiram do fascínio de inúmeros leitores com a história do romance desaparecido de Kafka sobre a boneca viajante, escritos em países que vão da Alemanha e da Suíça à França, à Itália e à Espanha; dos Países Baixos e da Grã-Bretanha à Polônia e à República Tcheca; dos Estados Unidos à Argentina.

Se Kafka de fato escreveu um romance epistolar para confortar uma garotinha em um parque de Berlim, então ela foi a leitora que motivou a escrita: uma leitora de prontidão, pronta antes mesmo de a história tomar forma, e ao mesmo tempo inspiradora e coadjuvante da criação do texto literário. Uma "menina privilegiada, única leitora do mais belo livro de Kafka", como o escritor César Aira a designou em um ensaio comovente no *El País*. E não se esqueça de Dora Diamant, a mulher que investiu tanto em Kafka e em aliviar o sofrimento das crianças que manteve essa história viva para outros leitores de Kafka, ou possivelmente até inventou ou pelo menos embelezou esse episódio apócrifo – e, nesse caso, ela seria outra leitora que virou escritora, contando uma história fictícia do último romance de seu amado escritor. Quer a história seja verdadeira, quer não, ela foi recontada repetidamente e acabou gerando não apenas inúmeras versões literárias dos acontecimentos narrados por Diamant, mas também do próprio romance epistolar.

Mas e o manuscrito em si de Kafka? Supondo que realmente tenha existido, não poderíamos encontrá-lo? Houve diversas tentativas ao longo dos anos. Artigos na imprensa local e mesmo nacional incitavam os moradores de Steglitz, o bairro que circunda o parque onde supostamente ocorreu o encontro com a menina, a vasculharem papéis velhos em seus sótãos em busca do último romance de Kafka. Na virada do milênio, Mark Harman, um tradutor irlandês-americano de Kafka, passou um ano em Berlim com uma prestigiada bolsa de estudos, dedicando grande parte de seu tempo na capital alemã à tentativa de rastrear o suposto pacote de cartas de Kafka também conhecido como "a boneca". Ele conseguiu localizar a filha idosa de um dos senhorios de Kafka, com quem conversou em Berlim, porém o manuscrito não foi encontrado naquela altura – nem desde então –, e parece improvável que venha à tona.

No entanto, ainda se espera que descobertas menores sejam feitas. Em 2012, uma guia turística especializada em passeios temáticos de Kafka em Steglitz relatou a um jornal local que, em uma ronda, seu grupo parou em um pequeno bar em frente ao que antes era uma das residências onde Kafka ficou por alguns meses naquele fatídico outono de 1923. A casa não existe mais, foi substituída por um bloco de apartamentos no pós-guerra, e nenhuma foto da fachada original foi preservada. Ou assim acreditava a guia – até que se descobriu que o proprietário do bar, uma empresa familiar de longa data, tinha uma. Mais um pequeno vestígio de Kafka em Berlim.

Conhecemos toda uma série de escritores, críticos, tradutores e habitantes locais que seguiram os passos de Kafka em Berlim numa busca infatigável por um livro infantil que ele pode ou não ter escrito. Neste capítulo, contudo, também encontramos um veterano bem-educado da Primeira Guerra Mundial que volta do fronte aparentemente ileso, mas que perde o rumo quando é confrontado com a enigmática história de Kafka sobre um homem metamorfoseado em um inseto monstruoso, bem como um cientista famoso no mundo todo que se sente compelido a desencadear uma tempestade no Twitter porque, mais de cem anos depois, essa mesma narrativa o incomoda profundamente. Todos eles se agregam ao nosso elenco variado de leitores de Kafka: Malcolm Pasley, o baronete britânico que levou os manuscritos de Kafka para Oxford em seu próprio carro e usou de habilidades investigativas para preparar uma edição crítica de suas obras; a curadora da Biblioteca Bodleian, que não consegue ler os manuscritos de Kafka porque não lê alemão, mas que mesmo assim os trata como relíquias sagradas e preserva-os para as gerações futuras; e numerosos leitores em toda a Grã-Bretanha e além que recorreram a Kafka em tempos de Brexit e coronavírus para tentar encontrar uma maneira de superar essas crises.

O que levou e ainda leva tantos leitores diferentes de Kafka a perseguir a sua sombra, seja em Praga e Berlim, seja durante a sua própria vida, ou agora, através do tempo e do espaço? Parte da resposta que delineei até agora é a desorientação causada pela escrita de Kafka. Pode ser tentador aos leitores interpretarem essa desorientação tal qual um fracasso do texto, como Siegfried Wolff e Richard Dawkins estiveram perto de fazer. Mas, para muitos leitores – por exemplo, aqueles que leem *A metamorfose* para compreender a pandemia do coronavírus –, o sentimento de desorientação se torna parte crucial de sua experiência com o texto. Não são histórias tranquilizadoras que enquadram o caos da vida humana em enredos coerentes que ou terminam bem ou pelo menos seguem uma cadeia inteligível de causa e efeito. Em vez disso, os contos de Kafka evocam estruturas narrativas tradicionais de compreensão, mas as preenchem de acontecimentos estranhos, caóticos e desorientadores que são difíceis de compreender e que, assim, justificam a ansiedade da vida real, raramente à altura da coerência da literatura realista.

Mas esse não é o fim da história. Há outra camada paralela de complexidade em Kafka: a identidade do próprio autor, que muitas vezes foi e ainda é mal compreendida ou simplificada, tanto pelos seus contemporâneos como pelos seus leitores atuais. Encontramos críticos que leram os livros de Kafka assim que foram publicados e não conseguiram chegar a um acordo sobre a origem da estranheza essencial da sua imaginação ou sobre como situar esse escritor de língua alemã proveniente de uma família judia que vivia em Praga entre amigos e colegas tchecos. Vimos que essa incerteza ou desconforto em torno da identidade múltipla de Kafka persiste até hoje em uma alegre procissão de placas comemorativas que descrevem Kafka como alemão, judeu, tcheco ou austríaco.

Vimos o próprio Kafka refletir sobre essa instabilidade numa carta a Felice Bauer, em que se imagina como um cavaleiro de circo sobre dois cavalos: aparentemente do nada, ele pinta um quadro surpreendente que se assemelha muito a algumas das suas famosas parábolas e aforismos. Da mesma forma, um encontro ao acaso com um estranho – um judeu polonês que fala alemão com sotaque americano – desencadeia a imaginação de Kafka, notavelmente sensível a indivíduos que – tal como ele mesmo – não se enquadram em moldes. Esse homem será transformado no imigrante protagonista de um dos três romances de Kafka e receberá o nome de Roßmann – nada menos que "cavaleiro".

O que os dois últimos exemplos mostram é que esses dois tipos de complexidade desorientadora – da identidade de Kafka e da sua escrita – estão interligados: um tipo conduziu o outro e nele foi refletido. Ao recepcionar a complexidade de Kafka, tanto em termos de seus textos como de sua identidade, podemos compreender melhor a complexidade da nossa própria história e do presente: os perigos de tentar definir coisas e pessoas, de classificá-las ordenadamente em categorias convenientes e inteligíveis de imediato, mas, em última análise, artificiais e enganosas. É uma lição sobre nuances da qual necessitamos urgentemente no nosso mundo de hoje.

Contemplo nossa contínua busca coletiva por Kafka num banco do roseiral do mesmo parque onde, segundo Diamant, os dois conheceram a menina que havia perdido a boneca. O formato do parque mudou desde a década de 1920, mas o roseiral permanece. E a demografia dos visitantes também não difere muito: um coro infantil pratica energicamente em frente ao meu banco, ameaçando cair numa cacofonia horrível a qualquer momento. Uma série de gralhas revoa. Eu sorrio: sabia que a palavra tcheca para gralha é "*kavka*"?

3

PRAGA

O Kafka tcheco

No Kafkorium

Apesar de ter nascido em Cracóvia, não muito longe de Praga, onde Kafka viveu a maior parte da sua vida, eu nunca tinha visitado a capital tcheca até iniciar seriamente a minha busca por Kafka. Como muitos europeus do leste, enquanto eu crescia fui encorajada a me interessar bem mais pelo que havia mais longe, no Ocidente. Preguiçosamente, presumi que Praga não seria muito diferente de Cracóvia. Afinal, a fundação de ambas as cidades está envolta em lendas sobre governantes eslavos míticos, e cada uma delas teve destaque na Idade Média como sede monárquica de uma poderosa dinastia da Europa Central, ambas contando com um imponente castelo e uma catedral numa colina com vista para um grande rio, castelo este cercado por cidades em rápido crescimento habitadas por eslavos, alemães e judeus. Tanto Praga quanto Cracóvia foram por fim incorporadas ao Império Austríaco e fizeram parte dele até a sua dissolução, em 1918; mais tarde, ambas foram invadidas pela Alemanha nazista e, depois, ficaram sob controle soviético até 1989. Hoje estão maravilhosamente restauradas, em grande parte graças aos fundos da União Europeia, à qual a República Tcheca e a Polônia aderiram em 2004, e são cada vez mais populares entre os turistas internacionais. O polonês e o tcheco, os dois maiores membros do grupo linguístico eslavo ocidental, estão tão intimamente relacionados que em alguns contextos são mutuamente inteligíveis. Resumindo, sentada num trem de Berlim para Praga, sinto-me bastante confiante de que sei o que me espera.

No entanto, assim que desço do trem e entro na imponente joia *art nouveau* que é a estação de teto alto, percebo que entendi errado. Em escala e grandeza, Praga se parece mais com Paris do que com Cracóvia. As suas casas são mais altas e imponentes; os seus cafés, mais espaçosos e cosmopolitas. A Ponte Rei Carlos e o Teatro Nacional podem facilmente rivalizar com a Ponte Alexandre III e a Ópera Garnier em Paris. O Grand Hotel Europa, na famosa Praça Venceslau, ostenta o que deve ser a fachada *art nouveau* mais charmosa do continente. Como todos esses marcos, o hotel já existia na época de Kafka: na verdade, ele fez uma rara leitura pública no local, então conhecido como Hotel Erzherzog Stephan (Hotel Arquiduque Estêvão). Observarei todos esses marcos com certo grau de descrença nos dias seguintes, mas, já naquela primeira noite, antes mesmo de chegar ao meu quarto, consigo articular a fonte da minha dissonância cognitiva: a imagem mental de Praga que formei ao longo de anos lendo Kafka, e lendo sobre ele, era a de uma cidade provinciana e sufocante que qualquer pessoa urbana e culta ficaria desesperada para abandonar o mais rápido possível. "Praga não desiste", proclamou Kafka numa carta a um amigo já em 1902; "esta velha tem garras." "Saia de Praga. Vá contra essa lesão humana, a mais poderosa que já me afligiu com os meios de reação mais poderosos à minha disposição", ele escreveu dramaticamente em seu diário em 1913, e, um século depois, assenti ansiosamente, com toda a convicção ansiosa de alguém que também abandonou a sua cidade natal na Europa Central. Agora que estou em Praga, porém, sinto-me enganada. Como Kafka poderia tê-la menosprezado? O que havia de errado com ele?!

Não tenho tempo para resolver essa constatação alarmante agora. Estou distraída pelo fato de que, de forma implausível, alguém chamado Kafka mora no prédio onde estou hospedada. Outra fachada excessivamente grandiosa em estilo *art nouveau* dentro de uma ampla e cavernosa escadaria com piso de cerâmica. A princípio, balanço a cabeça, incrédula, toda vez que passo pela caixa de correio desse misterioso Kafka. Então paro na Shakespeare a Synové, ou Shakespeare and Sons – a resposta de Praga à Shakespeare and Company de Paris –, e consigo uma

tradução para o inglês de *Inzerát na dům, ve kterém už nechci bydlet* de
Bohumil Hrabal. Embora o título dessa coleção de contos, publicada
pelo icônico humorista tcheco em 1965, signifique "Um anúncio de
uma casa onde não quero mais viver", a tradução para o inglês de Paul
Wilson foi publicada como *Mr. Kafka and Other Tales* (*Sr. Kafka e outros
contos*). Ah, aqui está ele de novo, o nosso amigo. O primeiro conto da
coletânea, que Wilson intitulou "Sr. Kafka", é, em tcheco, "Kafkárna".
Gosto da tradução anterior desse título feita por W. L. Solberg, "O Kafkorium". O narrador, um certo sr. Kafka, vagueia pela Praga do pós-guerra, aparentemente em busca de si mesmo:

"Senhora", digo ao velho vendedor de salsichas, "a senhora já conheceu um tal de Franz Kafka?"
"Oh, meu Deus!", ela diz. "Meu nome é Františka Kafková e o meu pai, um açougueiro de carne de cavalo, era František Kafka. Depois conheci um garçom no restaurante da estação de Bydžov também chamado Kafka", ela continua, inclinando-se para mais perto, o único dente brilhando na boca como o de um adivinho. "Mas, senhor, se o senhor quiser algo extra, posso lhe dizer, você não vai morrer de morte natural" [...] e vira as salsichas escaldantes com um garfo. "Eu também leio cartas", ela diz.

Sinto-me devidamente repreendida. Sou apenas uma leitora obsessiva de Kafka entre muitos, e, nesta cidade que padece pacientemente sob um dilúvio de tais obsessivos, muitas conexões íntimas, únicas, singulares, misteriosas, mágicas e sobrenaturais de Kafka se revelarão com gentileza. Quase todas falsas.

É o caso, por exemplo, do Mundo de Franz Kafka, uma das atrações de Praga com votação mais baixa no TripAdvisor, que ocupa uma localização estranhamente proeminente: a Náměstí Franze Kafky 1, perto da Praça da Cidade Velha e na esquina do local do nascimento de Kafka (a casa original não sobreviveu). O Mundo de Franz Kafka, deduzo ao ler atentamente o site sombrio e ameaçador, está localizado no subsolo, numa rede de corredores e câmaras medievais, e promete me transportar para dentro da cabeça de Kafka. Autodenomina-se uma "experiência" em vez de "museu" ou "exposição", e foi criado por um fotógrafo da polícia tcheca fã de longa data de Kafka, tão comprometido com a sua visão que ordenou que a urna com suas cinzas fosse colocada num lugar de destaque no Mundo de Franz Kafka depois de sua morte. Tudo isso me parece um tanto maluco, e me pergunto se talvez as críticas negativas no TripAdvisor foram escritas por alguns chatos que não apreciam arte conceitual. Infelizmente, tendo descido ao Mundo de Franz Kafka, posso confirmar que é de fato difícil descrevê-lo como outra coisa senão uma armadilha para turistas. A cripta sombria está repleta de slogans portentosos – "forças incomensuráveis manipularam as nossas vidas desde o início", "precisamente essas forças são parafraseadas na exposição seguindo seu exemplo [de Kafka]" – combinados com fotografias e vídeos sombrios e de aparência genérica que, na verdade, não parecem ter nada a ver com Kafka.

Então, se tudo aquilo é falso, o que é real? Será que Praga pode oferecer uma compreensão robusta sobre o mundo de Kafka? Sim. Sim, pode – se você souber onde procurar.

Transformações e retransformações

Como costuma acontecer, o lugar perfeito para começar é a própria obra de Kafka. Aqui em Praga lê-se Kafka de forma diferente – e não me refiro ao sentido figurado, ou pelo menos não exclusivamente; digo em um sentido muito literal também. Se quiser adquirir um exemplar de um dos livros de Kafka, seja em alemão, seja em inglês, tcheco ou em muitas outras línguas, vai encontrá-los com facilidade nas inúmeras lojas de suvenires e livrarias espalhadas pelo centro histórico de Praga. Se olhar com atenção, porém, descobrirá que a edição que você pegou não é nem a edição crítica padrão publicada pela S. Fischer na Alemanha, nem uma das conhecidas edições inglesas da Schocken ou da Penguin. Em vez disso, o volume que terá em mãos provavelmente foi publicado por uma pequena editora local chamada Vitalis, especializada em escritos em língua alemã de autores de Praga do início do século XX. Nela, Kafka é publicado ao lado de *O golem* de Gustav Meyrink e *Dois contos de Praga* de Rainer Maria Rilke, e *A metamorfose* de Kafka é acompanhada por "A retransformação de Gregor Samsa", um conto publicado num jornal de Praga alguns meses depois de a história da metamorfose de Kafka aparecer pela primeira vez.

É uma curta sequência escrita por um Karl Brand, um autor iniciante e jovem que sofria de tuberculose. Começa no lixo onde o inseto foi descartado pela faxineira; ele volta à vida e se metamorfoseia novamente em homem. "A retransformação de Gregor Samsa" termina em uma nota otimista, mas, poucos meses depois da publicação da história, o autor de 22 anos morreu de tuberculose, a doença que acabaria também por matar Kafka. Considero a sequência de Brand para *A metamorfose* verdadeiramente comovente: expressa um sonho desesperado de recuperação de uma doença mortal ao escrever um novo final para a história de Kafka.

Compro meu exemplar em uma pequena livraria turística localizada em uma casa minúscula – na verdade, um chalé – em Zlatá ulička, uma fileira de moradias simples que datam do século XVI espremidas nos limites do imponente complexo do Castelo de Praga. O nome pode ser traduzido por "Via Áurea"; ourives devem ter vivido aqui em algum momento, mas provavelmente não os lendários alquimistas que estão em seu nome alemão Alchimistengasse (Viela dos Alquimistas). Essa viela é hoje uma das principais atrações turísticas de Praga, e você precisa pagar uma taxa de entrada apenas para passear por ali. Pago devidamente porque, num golpe de sorte para a indústria do turismo de Praga, é aqui que dois dos mais famosos mitos locais se encontram: a misteriosa Praga do início da era moderna, composta de golens, alquimistas e excêntricos imperadores Habsburgo, e a Praga do início do século XX, de Franz Kafka e suas histórias estranhas. A irmã mais nova de Kafka, Ottla, alugou no inverno de 1916-1917 a pequena casa que hoje é ocupada pela livraria e deixou Franz usá-la para escrever em noites longas e frias depois do trabalho. É aqui que foi escrita a maior parte dos contos coligidos posteriormente em *Um médico rural* (1920), a coletânea mais substancial de histórias de Kafka publicada durante a sua vida. Não posso perder a oportunidade de me espremer aqui por um breve momento, a despeito da concentração por metro quadrado alarmantemente alta de outros turistas igualmente determinados dentro do pequeno chalé.

Contudo, não é apenas na Zlatá ulička que se pode conseguir um exemplar de uma edição da Vitalis de *Um médico rural* ou de *A metamorfose*; a maioria dos livreiros e lojas de suvenires da cidade parece estocá-los. A editora aparenta ter um monopólio virtual dos livros de Kafka em Praga: aqui, é difícil ler sobre a metamorfose de Gregor Samsa sem ser instado a imaginar de imediato a sua retransformação com Brand. É provável que muitos estudiosos de Kafka zombem disso e apontem que o opúsculo de Brand é esteticamente imaturo e incomparavelmente menos complexo do que *A metamorfose*. Devo confessar, contudo, que gosto muito da minha edição suvenir trazida de Praga. Gosto de como ela insiste em reinscrever Kafka no seu contexto local de Praga em termos muito concretos, não só nos lembrando de que os seus textos eram lidos aqui décadas antes de Kafka se tornar o ícone global que é hoje, mas também capturando a pura força emocional que exerceram sobre seus primeiros leitores, assim como fazem até hoje.

A edição da Vitalis de *A metamorfose* não é a única lembrança que eu trouxe de Praga. "Sou feito de literatura, não sou outra coisa e não posso ser outra coisa." Ironicamente, o comentário de Kafka de 1913 surge agora numa caneca que comprei no Museu Franz Kafka, na margem do rio Vltava (não confundir com o Mundo de Franz Kafka, perto da Praça da Cidade Velha). Em Praga, Kafka espreita ao dobrar de cada esquina – como mercadoria: há sacolas, roupas variadas, ímãs de geladeira, pôsteres. É tentador descartar tudo isso como uma cafonice genérica e desinteressante que poderia ser vendida em qualquer lugar e em lugar nenhum, sendo o rosto de Kafka substituível, com facilidade, pelo de outro escritor popular, compositor ou celebridade contemporânea famosa apenas por ser famosa. E, no entanto, a verdade é mais complicada.

Se o escritor Kafka se tornou parte integrante da cultura mercantil de Praga há relativamente pouco tempo, o nome da família Kafka teve um papel semelhante durante a vida dele. Desde a mais tenra idade, a própria existência de Kafka dependeu literalmente de um intenso comércio de coisas bonitas: o seu pai tinha uma loja que vendia "*Galanteriewaren*", ou acessórios da moda, localizada numa área da Praça da Cidade Velha. O nome da família deu origem ao logotipo impresso no material de escritório da loja – uma gralha ("*kavka*", em tcheco) –, curiosidade significativa o suficiente para aparecer na primeira página da influente biografia de Kafka escrita por Brod. Mesmo para além de seu significado real, o nome "Kafka" simplesmente *soa* bem – e não apenas para falantes de línguas europeias. Mais de um século depois de a família Kafka começar a explorar o potencial comercial do seu nome, numerosos cafés, lojas e empresas em todo o Leste Asiático trazem o nome de Kafka, muitas vezes sem nenhuma referência ao autor de Praga, pela simples razão de que o nome – pronunciado "*Kafuka*", com uma vogal extra para se adequar às fonologias chinesa, japonesa e coreana – soa incomum, mas se encaixa nos padrões linguísticos com um efeito agradável, ao contrário da maioria dos outros nomes europeus.

É possível pensar que a marca "Kafka" não tem nada a ver com o estudo sério e acadêmico de sua vida e obra. E, contudo, há alguma sobreposição: a sua assinatura icônica – em sua caligrafia distinta e curva – estampa não apenas a alça da caneca do Museu Kafka, mas também as capas de uma recente edição acadêmica alemã das obras completas de Kafka. Jiří Votruba, o criador de uma famosa imagem de Kafka que agora adorna a maioria dos suvenires temáticos vendidos em Praga – sobre um fundo amarelo, um desenho preto de um homem com um chapéu de feltro andando por uma rua de Praga, de costas para nós, o céu acima dele repleto de escritos numa linguagem inventada –, também não é indiferente à exploração acadêmica do tema do seu desenho e tem profunda consciência das tensões inerentes à sua produção. Questionado sobre seu papel na mercantilização de Kafka, Votruba explicou:

> Eu nunca teria pensado em mercantilizar Kafka antes porque, para mim, ele era uma figura sagrada e esse uso comercial era contra a minha alma. Mas meu amigo me convenceu a tentar e fiz o primeiro desenho, Franz Kafka andando na rua e o céu cheio de literatura. Parecia não estar atacando o espírito de Kafka, e foi assim que tudo começou. E devo dizer que conheço muito bem a vida de Kafka e li todos os livros acessíveis – o último foram as memórias de pessoas que o conheceram pessoalmente, como a sua empregada e seus amigos, namoradas, o que foi muito interessante, e cheguei à conclusão de que talvez ele não fosse tão contra.

Acontece que o design de Votruba se baseia nos estudos acadêmicos sobre Kafka – e o ressurgimento gradual de Kafka em Praga desde a Segunda Guerra Mundial, culminando no design icônico de Votruba, deve ser entendido não como uma história de mercantilização a-histórica, mas sim como um processo intimamente ligado às profundas transformações históricas nessa parte da Europa.

"Deem-lhe um visto permanente!"

A primeira placa em Praga em homenagem a Kafka, que ainda hoje pode ser vista na esquina do Mundo de Franz Kafka, foi afixada em 1965, acompanhando uma mudança no discurso comunista oficial sobre a sua obra. As autoridades comunistas inicialmente rejeitaram Kafka como, nas palavras de Iakov Elsberg, um influente crítico soviético da década de 1950, uma "moda burguesa que passará". Tal qual explica a acadêmica Veronika Tuckerova, os livros de Kafka ficaram praticamente indisponíveis na Tchecoslováquia entre 1948 e 1957, e mais uma vez entre 1968 e 1989, embora houvesse exceções – circularam continuamente em publicações clandestinas na forma de *samizdat*. A interrupção de dez anos na proibição oficial de Kafka foi provocada pelo Degelo de Kruschev depois da morte de Stálin em 1953: os livros de Kafka podiam agora ser publicados e adaptados para o teatro, e o próprio autor pôde ser discutido em público e até homenageado com uma placa marcando o local de seu nascimento. Não é de admirar que, naquele mesmo ano, 1965, foi publicada a história de Hrabal, repleta de tantos Kafkas.

O acontecimento mais fortemente associado à redescoberta de Kafka na Tchecoslováquia comunista ocorrera dois anos antes, no octogésimo aniversário do seu nascimento. Foi uma conferência acadêmica; tivessem sido as conferências acadêmicas formalmente classificadas na época quanto ao seu "impacto social", como costumam ser hoje, aquela teria sido extraordinária. O objetivo da conferência, que aconteceu em Liblice, um castelo ao norte de Praga, era ver se Kafka poderia ser reinterpretado para torná-lo mais palatável às autoridades comunistas. Esse teste em pequena escala dos limites do controle ideológico tem sido amiúde reconhecido como tendo contribuído para a eclosão da Primavera de Praga, cinco anos mais tarde.

No ano anterior à conferência de Liblice, em 1962, Jean-Paul Sartre – cujo infame fascínio pela União Soviética era já muito mais crítico do que tinha sido logo depois da Segunda Guerra Mundial, embora ainda se considerasse um mediador cultural entre os dois lados da Cortina de Ferro – perguntou retoricamente num discurso no Congresso da Paz em Moscou: "A quem Kafka pertence, a vocês ou a nós? Isto é, quem o entende melhor?". E implorou que Kafka fosse "desmilitarizado". Ernst Fischer, um dos palestrantes da conferência de Liblice, clamou de forma semelhante: "Tirem a obra de Kafka de seu exílio involuntário! Deem-lhe um visto permanente!". Vários dos palestrantes tentaram tornar Kafka aceitável para o aparelho estatal comunista, opondo-se explicitamente à interpretação "capitalista" de Kafka como um profeta do totalitarismo comunista, enquadrando-o, em vez disso, como um modernista que pelo menos reconheceu os problemas do capitalismo, mesmo sem conseguir apreciar, e muito menos propagar, as soluções socialistas para esses problemas. Kafka retratou evocativamente a alienação sob o capitalismo, diz o argumento, mas não se comprometeu com a alternativa socialista; ao contrário, mergulhou no derrotismo burguês. Era uma jogada clássica: *A montanha mágica*, de Thomas Mann, foi elogiado na Rússia Soviética como um romance que conseguiu expor a ganância capitalista, mas, ao mesmo tempo, foi visto com profunda suspeição, porque parecia glorificar um prazer passivo pelos excessos do luxo.

O significado preciso da conferência de Liblice segue em disputa. Embora tenha sido elogiada por alguns como um símbolo da desestalinização cultural na Europa Oriental, Tuckerova sugere que, na verdade, ela talvez tenha sido mais importante para os observadores ocidentais, ou, mais especificamente, para os observadores da Alemanha Ocidental –, eles próprios profundamente investidos na obra de Kafka –, do que para uma autocompreensão dos tchecos. No entanto, seria um erro descartar a conferência como um gesto insignificante e vazio por parte das autoridades comunistas. Tendo analisado documentos de arquivo nunca estudados antes, Tuckerova conseguiu revelar até que ponto o gabinete de censura e mesmo o Comitê Central do Partido Comunista procuraram exercer controle sobre o planejamento, a execução e as consequências da conferência. Até mesmo o presidente tchecoslovaco da época, Antonín Novotný, refletiria mais tarde sobre o assunto em suas memórias: "A conferência de Kafka teve um grande impacto na nossa economia [...] opiniões antimarxistas começaram a se espalhar como uma tempestade de neve e, sob a influência delas, o desenvolvimento industrial e a acumulação socialista diminuíram, e a disciplina do partido e do Estado enfraqueceu". As palavras de Novotný soam como uma propaganda perversa do valor da erudição literária – uma força a levar em conta, uma vez que aparentemente ela pode destruir a economia de um país.

Em certo nível, o raciocínio de Novotný é ridículo, claro. Nas palavras de Tuckerova, "esse é um exemplo típico do discurso ideológico bizarro, com pressupostos absurdos e conclusões falsas, característico da propaganda comunista, que procurava qualquer desculpa paranoica para explicar as deficiências sempre presentes da economia dirigida". Noutro nível, porém, a capacidade da obra de Kafka de penetrar até o fundo do coração da burocracia comunista é simplesmente impressionante, especialmente porque os próprios textos muitas vezes vão ao âmago da complexidade desconcertante e sem sentido dos processos burocráticos, que ele observava de perto em seu trabalho no Instituto de Seguro de Acidentes de Trabalho do Reino da Boêmia durante o dia e transpunha em intrincados cenários literários à noite.

Kafka assumiu esse cargo de funcionário público nos últimos anos da existência do Império Habsburgo, cujas estruturas administrativas e jurídicas eram notoriamente complexas. Ele era essencialmente um burocrata – muito embora, tendo se especializado na área de prevenção de acidentes industriais, estivesse comprometido com as necessidades de cada trabalhador, e não apenas com a correção dos procedimentos formais. Ainda que passasse muito tempo em uma escrivaninha, correspondendo ao significado etimológico de "burocracia" como "governo por pessoas em escrivaninhas", também fazia frequentes viagens de negócios para inspecionar as provisões aos trabalhadores em vários locais de trabalho, tais como fábricas ou pedreiras, e montar processos legais para melhorar as condições laborais. Não apenas essa missão era nobre, mas também os colegas e os superiores de Kafka o viam como um funcionário capaz e diligente. E, no entanto, em suas cartas e diários, Kafka invariavelmente enquadrava sua ocupação profissional como infinitamente menos gratificante e valiosa do que a sua escrita, que muitas vezes tematizava processos burocráticos intermináveis, ilógicos e arbitrários, levados a cabo com obstinação por funcionários inúteis, mesquinhos e insignificantes. A escrita de Kafka não só capta a cruel falta de sentido de muitas formas da burocracia moderna, reconhecíveis em vários sistemas políticos, sobretudo nos totalitários: também expõe um fascínio furtivo com essas estruturas tão desumanamente intrincadas.

O retorno de Kafka

Como vimos, o fato de a placa comemorativa do nascimento de Kafka ter sido afixada em 1965, e não em qualquer outro ano, não foi de maneira alguma obra do acaso. Também não é por acaso que o icônico design gráfico de Votruba remonta especificamente a 1990, apesar de ele já haver lido Kafka durante a Primavera de Praga, em 1968. No rescaldo da Revolução de Veludo em 1989 – durante a qual Votruba desenhou cartazes para o Fórum Cívico, a formação política que conseguiu desafiar o regime comunista –, três fatores tornaram possível o desenho de Kafka: as obras de Kafka puderam ser publicadas de novo e livremente em tcheco, as narrativas da memória pública vinham sendo gradualmente atualizadas para refletir o passado multicultural de Praga e a onda de reformas econômicas fez com que surgissem pequenas empresas privadas em todo o antigo bloco do leste. Com seu excêntrico nome inglês, a Fun Explosive, a empresa que encomendou o desenho de Votruba, é representativa dessa onda de novos negócios privados. O mesmo se pode dizer do interesse da empresa em Kafka, agora também plenamente sancionado pela mais alta autoridade política do país de democratização recente, Václav Havel: um dos mais relevantes escritores dissidentes da era comunista, fundador e presidente do Fórum Cívico para o qual Votruba concebeu cartazes em 1989, agora o primeiro presidente democraticamente eleito do país desde a era pré-comunista, cargo que continuaria a ocupar até 2003.

Em 1990, apenas quatro meses depois do início de sua presidência, Havel proferiu um discurso curto, mas muito peculiar, na Universidade Hebraica de Jerusalém, onde lhe foi concedido um diploma honorário. Ele enquadrou todo o discurso da seguinte maneira: "Um breve comentário sobre o tema Franz Kafka e a minha presidência". Qual é a conexão entre os dois? Havel "não ficaria nada surpreso", disse ele, "se, bem no meio de seu mandato como presidente, [ele] fosse convocado e levado a julgamento perante algum tribunal obscuro". Essa parece ter sido uma experiência geracional para muitos intelectuais tchecos. Tuckerova detectou tropos semelhantes em memórias e cartas de vários leitores tchecos de Kafka que falavam de julgamentos montados contra eles durante a era stalinista em termos diretamente emprestados de *O processo* de Kafka.

Mas Havel sempre – disse ele – sentira uma conexão *especial* com Kafka e seu mundo:

> Não sou especialista em Kafka e não estou ansioso para ler literatura secundária sobre ele. Não posso nem dizer que li tudo o que Kafka escreveu. Tenho, no entanto, uma razão bastante especial para a minha indiferença aos estudos sobre Kafka: às vezes, sinto que sou o único que realmente entende Kafka e que ninguém deve tentar tornar a sua obra mais acessível para mim. E minha atitude um tanto inconstante em relação ao estudo de suas obras vem da vaga sensação de que não preciso ler e reler tudo o que Kafka escreveu porque já sei o que está lá. Fico até secretamente convencido de que, se Kafka não existisse, e se eu fosse um escritor melhor do que sou, eu mesmo poderia ter escrito as suas obras. O que acabei de afirmar pode parecer estranho, mas tenho certeza de que me entendem. Na verdade, o que estou dizendo é que em Kafka encontrei uma parte da minha própria experiência de mundo, de mim mesmo e da minha maneira de estar no mundo.

Decerto, parte disso pode soar suspeito, como uma autoestilização muito pouco convincente do Mundo de Franz Kafka: não é necessário ler nada de Kafka, o que conta é a minha visão! Contudo, o testemunho de Havel é ao mesmo tempo mais específico e mais autodepreciativo, e, como consequência, considero-o profundamente comovente. Ele segue comparando-se não apenas a Kafka, mas também aos famosos protagonistas de *O processo* e de *O castelo*, embora diga: "Eu admito que, na superfície, posso parecer o exato oposto de todos aqueles K.s – Josef K., o agrimensor K. e Franz K.". Ainda assim, afirma ele com muita convicção: "Sinto como se estivesse constantemente ficando para trás de homens poderosos e autoconfiantes que nunca poderei surpreender, muito menos emular". É sério que um dos homens mais influentes da Europa da época se sentia assim?! Havel está um passo à minha frente: "Pode muito bem ser que você se pergunte como alguém que pensa em si mesmo dessa maneira pode ser o presidente de um país". Mas é verdade, ele insiste: "Quanto mais baixo eu estou, mais apropriado parece meu lugar, e, quanto mais alto estou, mais forte é a minha suspeita de que houve algum engano". De fato, esse sentimento aparece repetidamente nas obras de Kafka, tanto em sua ficção quanto em seus escritos pessoais. Mas o que Kafka sentia como totalmente esmagador Havel eleva ao *status* de uma ética política: "A cada passo do caminho sinto que é uma grande vantagem para mim, como presidente, saber que posso, a qualquer momento e justificadamente, ser afastado do cargo". Parafraseando as próprias palavras de Kafka sobre a leitura de Strindberg, Havel não está lendo Kafka para ler Kafka, mas para se deitar sobre seu peito. Kafka se torna, se não exatamente seu guia moral, pelo menos uma fonte de identificação, ressonância e conforto.

Na Praga do século XXI, novos memoriais a Kafka continuam a surgir: seu legado ainda está muito vivo, é continuamente moldado e remodelado para novas gerações de leitores. As obras completas de Kafka foram publicadas pela primeira vez em tcheco em 2007; o Museu Franz Kafka foi inaugurado em 2005. Em 2003, no 120º aniversário do nascimento de Kafka, uma nova estátua da lavra de Jaroslav Róna foi instalada no que era o bairro judeu da cidade, situado entre a Igreja do Espírito Santo e a Sinagoga Espanhola, numa praça à direita de um dos muitos apartamentos onde Kafka morou por algum tempo. A escultura em bronze retrata um pequeno Kafka montado nos ombros de uma grande figura de terno, que, depois de uma inspeção mais detalhada, revela-se um terno vazio, sem corpo. Alude à tradição de representar "grandes homens" montados em cavalos em monumentos públicos, mas com um toque "kafkiano" – esse "cavalo" incomum parece estar em processo de dissolução no ar, um cenário que lembra o "cavalo" em "Desejo de se tornar índio". Também alude a uma imagem muito específica da "Descrição de uma luta" de Kafka, uma de suas primeiras histórias, situada explicitamente – o que é incomum – em Praga. Ou, pelo menos, começa em Praga – figura a Ponte Rei Carlos –, mas depois o narrador se encontra em uma estrada rural numa "paisagem vasta, porém ainda inacabada", que aparentemente se desenrola palavra por palavra à medida que a história avança:

> E então – com um floreio, como se não fosse a primeira vez – saltei sobre os ombros do meu conhecido e, cravando os punhos em suas costas, incitei-o a trotar. Mas, como ele cambaleava com certa relutância e às vezes até parava, dei vários chutes na barriga dele com as botas, para deixá-lo mais animado. Funcionou e chegamos rapidamente ao interior de uma paisagem vasta, porém ainda inacabada.

No discurso comemorativo da inauguração da estátua, o escultor destacou que a instalação de tal monumento só se tornava possível agora que o país era uma república democrática. Tal como Votruba, Róna era alguém profundamente interessado na vida e na obra de Kafka: em 1994, foi o cenógrafo de uma adaptação cinematográfica tcheca de um dos seus romances. Em seu discurso, comparou a "imagem profética do mundo" de Kafka a "um enorme iceberg com a maior parte escondida debaixo d'água", que "só podemos observar [...] de um ponto de vista [específico]". Em entrevista posterior, Róna revelou que gostava de voltar à pracinha e observar discretamente as reações dos visitantes à escultura. Alguns não sabem muito sobre Kafka e ficam confusos com a estátua, que não corresponde às expectativas sobre monumentos comemorativos: qual das duas figuras é mesmo esse Kafka – não seria a menor? Talvez essa confusão possa levar alguns a aprender mais sobre o escritor, ao contrário dos monumentos mais tradicionais de "grandes homens" pelos quais tendemos a passar sem pensar duas vezes nas ruas das capitais da Europa.

Quando parti para Praga pela primeira vez, fiquei atormentada por dúvidas: será que encontraria aqui muito de Kafka? Não será a cidade uma espécie de pista falsa, tão obviamente ligada a Kafka e, no entanto, tão completamente alterada desde o tempo dele? Tudo o que li sobre a presença dele na Praga atual me pareceu claramente desagradável: armadilhas para turistas, bugigangas baratas em lojas de suvenires, nenhum manuscrito original ou outras exposições no Museu Franz Kafka, monumentos cafonas e poucos vestígios do passado multicultural da Europa Central. Contudo, examinar de perto os objetos e os lugares rotineiramente ignorados ou menosprezados por outros se revelou gratificante ao extremo. Os monumentos sempre contam uma história, mesmo que não exatamente aquela que se esperava.

No capítulo anterior, falei da competição internacional pelo legado de Kafka, revelada através da colocação de placas alemãs e austríacas em uma casa que ele ocupou brevemente em Berlim, e que, em Praga, resulta em um confuso emaranhado de línguas e afiliações nacionais nos mais antigos e mais novos monumentos a Kafka: seu local de descanso no Novo Cemitério Judaico e "A cabeça de Franz Kafka" no exterior de um shopping do século XXI. Podemos agora acrescentar mais exemplos a essa lista. A placa de 1965 designa um momento-chave tanto do pós-morte de Kafka em Praga como da história do comunismo na Europa Central e Oriental. O design gráfico de 1990 reflete um período de transição, quando Kafka pôde regressar oficialmente a Praga, aproveitando a onda de reformas capitalistas sob os auspícios de ninguém menos que o primeiro presidente democraticamente eleito do país. E uma curiosa escultura de 2003 remonta a uma das primeiras histórias de Kafka e introduz uma insólita reviravolta na imagem familiar de um cavaleiro, uma figura que, como já vimos no Capítulo 2, continuaria a ter grande importância na imaginação de Kafka durante anos.

Do Café Louvre ao Café Slavia

Muitos leitores que nutrem um interesse sério pela vida e obra de Kafka ficam insatisfeitos com o que consideram a mercantilização turística de Kafka na Praga atual. Tuckerova, por exemplo, ecoa a queixa de um acadêmico mais antigo de que "os tchecos não leram nem compreenderam Kafka", salientando que ele não se tornou parte do cânone literário tcheco e afirmando que, na Praga contemporânea, Kafka "permanece peculiarmente ausente, relegado à condição de atração turística". Essa abordagem me soa um tanto equivocada: parece-me que não é precisa, ou produtiva, em estabelecer uma distinção tão nítida entre leitura séria e mero turismo. Conforme vimos, a mercantilização turística de Kafka também pode ser vista como uma continuação peculiar da marca da família dos tempos de Kafka: acessórios com a marca "Kafka" já eram vendidos na Cidade Velha de Praga quando ele era menino. O próprio Kafka também gostava de seguir os passos dos seus escritores favoritos – Goethe em Weimar; Flaubert em Paris – e certamente não teria hesitado em comprar um ou dois suvenires com o tema Flaubert, de preferência "sem gastar muito", que era o título da série de guias que ele gostava de imaginar com Brod em suas viagens.

É igualmente útil lembrar que os suvenires e os monumentos com o tema Kafka em Praga refletem, na realidade, a história tumultuada da região no século XX. Rejeitá-los é jogar fora a especificidade histórica da Europa Central. Não é verdade que Praga deixa de celebrar Kafka de maneira adequada: o que os visitantes estrangeiros podem não perceber com facilidade é que, num país em que a continuidade cultural foi violentamente perturbada tantas vezes ao longo do século XX, ações para reavivar a memória de Kafka assumirão necessariamente uma forma distinta do tipo de interesse reverente por autores canônicos familiares a outras capitais europeias. O que em Paris ou em Londres poderia ser considerado uma bugiganga, em Praga surge como um símbolo de transformação política pacífica.

Além disso, aqueles que se queixam de que o espírito "autêntico" de Kafka não está muito em evidência na Praga de hoje minimizam um fator-chave. Grande parte da arquitetura da Praga de Kafka sobreviveu até hoje. Em alguns casos, são apenas as magníficas fachadas *art nouveau* e *art déco* que sobreviveram. Em outros casos, os interiores também são originais, por vezes até mesmo os móveis e os detalhes da decoração. Eles podem ser apreciados num passeio pelo centro da cidade. Bom para o turista, mas nem tanto para o homem em si: é um poderoso lembrete da razão pela qual Kafka achava a cidade tão abarrotada e opressiva. Um conhecido recordou, anos depois de sua morte, olhar para a Praça da Cidade Velha pela janela do quarto de Kafka em sua companhia. Kafka apontou para a sua escola, depois a universidade que frequentou, finalmente o seu escritório, e comentou: "Toda a minha vida está encerrada nesse pequeno círculo". Se essa memória comovente é precisa ou não, Kafka de fato passou a maior parte dos seus dias num círculo com pouco mais de um quilômetro e meio de diâmetro.

Durante minha quinzena em Praga, eu poderia ter ficado fora desse círculo, na Suíte Franz Kafka de um hotel que está no lugar que antes serviu como local de trabalho de Kafka por quatorze anos – isto é, quase toda a sua vida profissional: o Instituto de Seguro de Acidentes de Trabalho do Reino da Boêmia. Kafka começou a trabalhar lá como funcionário público depois de pouco menos de um ano como funcionário na seção de Praga da Assicurazioni Generali, uma companhia de seguros privada fundada há quase duzentos anos e ainda em funcionamento. Seu Patrimônio Corporativo e Arquivo Histórico ainda exibe com orgulho o formulário de candidatura e o currículo de Kafka de 1907. No Instituto de Seguro de Acidentes de Trabalho, Kafka trabalhava em uma equipe composta quase inteiramente de tchecos cristãos, mas era muito querido: competente, respeitoso, fluente em tcheco e um bom redator (é claro!), ele foi promovido várias vezes, chegando ao cargo de secretário sênior alguns meses antes de sua aposentadoria precoce por motivos médicos em 1922, dois anos antes de sua morte. Nos últimos anos que antecederam sua aposentadoria, à medida que a saúde de Kafka se deteriorava, ele frequentemente tirava licenças; ainda assim, seus escritos burocráticos que restaram – relatórios jurídicos, estudos de caso, propostas políticas – somam um volume considerável de mais de mil páginas. Foram publicados em alemão em 2004; uma seleção deles também está disponível em inglês. Essas são as coisas, portanto, que Kafka teve de passar a maior parte das suas horas acordado escrevendo, quando tudo o que realmente queria escrever era literatura. Reclamava muito desse trabalho e sonhava ser escritor em tempo integral se tivesse condições financeiras para tanto. Algumas dessas reclamações foram escritas a amigos em cartas e bilhetes para os quais usava papel de escritório durante o horário de trabalho: um equivalente do início do século XX para as mensagens de texto sub-reptícias que enviamos da nossa mesa no escritório.

Ficar na Suíte Franz Kafka de início parecia tentador – a fachada *art nouveau* do hotel, que remonta à época de Kafka, foi cuidadosamente restaurada; o visitante é recebido por um busto gigante de Kafka na entrada, e o hotel afirma que a suíte está localizada exatamente onde ficava o escritório de Kafka. O interior do edifício, porém, foi completamente remodelado – e, afinal de contas, Kafka foi bastante infeliz aqui. Um escritor de Belfast relatou sua empolgação ao usar seus pontos de viajante frequente para ficar na Suíte Franz Kafka há alguns anos e deixar ali uma cópia de seu próprio romance. Também tentou escrever outro texto enquanto esteve lá – mas em vão. Contento-me com meu próprio Kafka misterioso em um apartamento do outro lado do centro da cidade.

No entanto, passo alguns dias lendo inúmeros ensaios de escritores iniciantes e de outros aficionados por Kafka que foram a Praga e a Berlim em busca dele antes de mim. Os estadunidenses parecem bem representados nesse microgênero. Um ensaio descreve com detalhes a tentativa de sua autora de rastrear o hotel em que Kafka se hospedava regularmente ao visitar Berlim. Mostram a ela uma mesa e uma cadeira que aparentemente ficavam no quarto habitual de Kafka, e até a convidam a se sentar na cadeira "dele", mas, alguns anos depois, ela aprende mais sobre a história do hotel e percebe que os móveis provavelmente eram falsos. Como somos gananciosos, nós, a tribo internacional de devotos de Kafka: queremos, cada um, ter um pedaço dele só para nós. Uma escova de cabelo, uma cadeira, um nome numa caixa de correio. Mesmo que não tenha conseguido determinar definitivamente a interpretação das obras de Kafka, Brod conseguiu pelo menos uma faceta: fez do seu melhor amigo um santo moderno.

Se não no Mundo de Franz Kafka, no Museu Franz Kafka ou na Suíte Franz Kafka, no que mais um itinerário alternativo de Kafka em Praga poderia consistir? Uma das maneiras mais divertidas de seguir seus passos é visitar dois cafés diferentes em Národní, na época de Kafka conhecida como Ferdinandova třída (Avenida Fernando), em homenagem ao imperador Fernando I da Áustria, antes de ser renomeada Národní třída (Avenida Nacional) em 1919, em homenagem à independência da Tchecoslováquia. O interior do primeiro desses cafés foi preservado – aliás, está quase intacto – desde as primeiras décadas do século XX; o segundo foi restaurado à sua forma *art déco* da década de 1920. Começo pelo Café Louvre, que Kafka costumava frequentar com os amigos. Grande, espaçoso, cheio de luz, ainda tem seus próprios papéis timbrados em cada mesa: cartõezinhos e lápis minúsculos. Está localizado no primeiro andar, e não no térreo, o que é incomum e significa que é possível observar de cima as cabecinhas dos transeuntes. Há bolos à moda antiga e chocolate quente espesso e encorpado em xícaras pequenas. Os garçons usam aventais engomados e a maioria dos frequentadores parece ser do local. Passei muitas horas boas aqui durante a minha estadia em Praga, lendo Kafka com tranquilidade e fazendo algumas anotações naqueles cartões minúsculos. Estou habituada aos cafés apertados de Oxford, repletos de estudantes e de acadêmicos que se acotovelam em busca de espaço, em geral mal iluminados e cheios de mesas frágeis que não combinam. Embora tenham seu charme, eu voltaria ao elegante e espaçoso Café Louvre num piscar de olhos.

A menos que eu tivesse a opção de voltar ao Café Slavia: daí eu teria de pensar muito. A uma curta caminhada do Café Louvre *art nouveau*, o Café Slavia, que na época de Kafka era *art déco*, atraía, acima de tudo, tchecos, como seu nome implica. Ele está localizado em frente ao Teatro Nacional, com seu fabuloso telhado azul-celeste com estrelas douradas cintilantes. Das suas enormes janelas, pode-se olhar para o teatro ou para a ponte próxima, que, tal como a avenida que lhe dá acesso, sofreu uma patriótica mudança de nome em 1919 – de Ponte Imperador Francisco II para Ponte da Legião, em homenagem à Legião Tchecoslovaca que lutou na Primeira Guerra Mundial. Além da ponte, há uma vista deslumbrante do rio Vltava e do poderoso Castelo de Praga.

De acordo com um curto histórico no site do café, Kafka também o visitava. Não consegui confirmar essa informação, mas sabemos que ele assistiu a várias peças tchecas no Teatro Nacional. Como já estabelecemos, ele não se deixava desanimar facilmente pelas divisões nacionalistas entre as comunidades locais e poderia ter aparecido no Café Slavia antes ou depois de uma dessas peças. Tal como outras pessoas de seus círculos, ele via os cafés como um ingrediente essencial da sociabilidade moderna. Oskar Baum, um dos amigos mais próximos de Kafka em Praga, chegou a pôr no papel um breve relato que Kafka lhe fez:

> Um homem quer criar oportunidades para grupos de pessoas se reunirem sem serem convidadas. As pessoas se veem, conversam e se observam sem se conhecerem. É um banquete que qualquer um pode definir de acordo com seu gosto, suas preferências individuais, sem impor nada a ninguém. Pode-se aparecer e desaparecer quando quiser, não há obrigação para com um anfitrião, mas se é sempre bem-vindo, sem hipocrisia. Quando o homem finalmente consegue transformar essa ideia extravagante em realidade, o leitor percebe que essa experiência de resgatar as pessoas da solidão apenas produziu o inventor da primeira cafeteria.

A descoberta e a ponte

Volto ao Café Slavia várias vezes durante a minha estada em Praga. Para chegar até lá do apartamento na margem norte do rio Vltava onde estou hospedada, preciso atravessar uma das muitas pontes pitorescas de Praga: a Ponte Čech, que, concluída em 1908, era um marco que Kafka conseguia enxergar da janela de seu quarto no último andar do apartamento à beira-rio que sua família ocupou entre 1907 e 1913. Foram anos-chave na vida de Kafka: concluiu a licenciatura em Direito e iniciou sua carreira profissional, primeiro na Assicurazioni Generali e depois no Instituto de Seguro de Acidentes de Trabalho. Foi naquele apartamento à beira-rio que aconteceu a autoproclamada descoberta literária de Kafka numa noite febril do outono de 1912: a escrita daquela que é até hoje uma de suas histórias mais famosas, *O veredicto*.

Vale a pena nos determos em *O veredicto* por vários motivos. Com cerca de dez páginas, é uma leitura rápida, mas a complexidade e a inesperada estranheza da visão de Kafka estão em plena evidência. Os acontecimentos da história, dedicada a Felice Bauer – "para Fräulein Felice B.", escreveu Kafka abaixo do título –, foram indiretamente inspirados em sua vida. Sua geografia profundamente significativa corresponde de perto ao local preciso em Praga onde Kafka vivia na época. Segue-se a essa história, em seu caderno, uma anotação de diário que descreve com detalhes tanto o processo de escrita quanto as emoções que despertou no autor, e que identifica esse evento como um divisor de águas inconfundível na vida de Kafka como escritor:

> Essa história, "O veredicto", eu a escrevi de uma vez na noite de 22 para 23, das 10 horas da noite até as 6 horas da manhã. Minhas pernas estavam tão rígidas de tanto ficar sentado que eu mal conseguia tirá-las de debaixo da mesa. A terrível tensão e a alegria, como a história se desenrolava diante de mim, como eu avançava em uma extensão de água. Várias vezes na noite passada carreguei meu peso nas costas. Como tudo pode ser arriscado, como para todos, para as ideias mais estranhas, se prepara um grande fogo no qual elas se extinguem e ressurgem. Como ficou azul lá fora da janela. Dois homens atravessaram a ponte. Às 2 horas olhei pela última vez para

o relógio. Quando a empregada atravessou o corredor pela primeira vez, escrevi a última frase. Apagando a lâmpada, e luz do dia. Leves dores no coração. O cansaço passando no meio da noite. A entrada trêmula no quarto das minhas irmãs. Lendo em voz alta. Antes, espreguiçando na frente da empregada e dizendo: "estive escrevendo até agora". A aparência da cama intocada, como se tivesse acabado de ser colocada aqui. A dura convicção de que, ao escrever minha novela, estou em vergonhosas planícies de escrita. Só assim que se pode escrever, só com tal coesão, com tal abertura do corpo e da alma. Manhã na cama. Os olhos sempre claros.

As circunstâncias do surto criativo de Kafka descritas aqui têm uma relação interessante com os eventos registrados em *O veredicto* em si. Kafka escreveu a história numa única noite de outono de 1912; a narrativa se passa em uma única manhã de primavera. Inicia com o protagonista Georg Bendemann sentado à sua mesa, tendo acabado de terminar uma carta para um amigo, olhando pela janela que dá para um rio com uma ponte sobre ele, com colinas verdes à vista na outra margem. Essa é uma descrição precisa da vista do apartamento em que os Kafka moravam na época. É como se Kafka tivesse pegado a caneta em sua mesa exatamente onde Bendemann a colocara na sua.

Os primeiros parágrafos da história narram as deliberações de Georg sobre a situação de seu amigo. É um velho amigo que se mudou para o exterior há muito tempo, para a Rússia – para ser exata, São Petersburgo –, onde (tal como Georg) trabalha como comerciante. No entanto, ele não está indo bem; seu negócio está em dificuldades, ele está sozinho. Alguém poderia ajudá-lo de alguma forma? Talvez estivesse melhor em casa? Ele, porém, não ficaria ofendido com uma oferta de ajuda? Tal oferta não equivaleria a uma sugestão tácita de que seus esforços para estabelecer uma vida para si mesmo falharam, o que causaria muito constrangimento ao amigo? E será que a sua situação melhoraria se voltasse? Georg não chega a nenhuma conclusão sólida: é tudo muito desagradável, é difícil saber o que escrever ao amigo, e se é possível atualizá-lo sobre a situação da própria vida, sobretudo considerando quão *bem* tem se saído recentemente... Aqui, a história gira entre Georg considerando a situação de seu amigo e ele examinando suas próprias circunstâncias.

Muita coisa mudou para Georg nos últimos anos. Depois da morte de sua mãe, ele ficou sozinho com o pai e o relacionamento deles mudou. O pai de Georg se retraiu; Georg tornou-se mais decisivo, tanto em seus assuntos profissionais quanto nos pessoais. A empresa familiar duplicou o número de funcionários; as vendas quintuplicaram! Aos poucos, superam o volume de negócios da empresa do amigo em São Petersburgo. Em seu monólogo interno, Georg parece se esforçar para não parecer presunçoso, mas talvez não seja tão bem-sucedido nesse empreendimento específico quanto é no seu *negócio super-hiperpróspero*... E ainda por cima em sua vida pessoal. Seria realmente demais mencioná-la ao seu pobre amigo, argumenta Georg, mas acontece que ele acaba de ficar noivo de uma certa senhorita Frieda Brandenfeld, "uma garota de uma família bem-posta". Georg falou muitas vezes com Frieda sobre esse amigo, expressou relutância em convidá-lo para o casamento, até mesmo em mencionar o noivado; por que alimentar o inevitável ressentimento com a felicidade de Georg? Frieda, contudo, está descontente com essa lentidão e, naquela mesma manhã de primavera, Georg termina sua carta relatando o noivado e estendendo um convite de casamento ao amigo. Com a carta na mão, Georg dirige-se para o quarto do pai e é ali que a história toma outro rumo decisivo.

Pai e filho

Tal encontro nos aposentos íntimos do pai é incomum, logo ficamos sabendo: no cotidiano, os dois homens interagem quase exclusivamente no trabalho. Em seu quarto, de início o pai parece frágil e vulnerável. O quarto está escuro e abafado, há restos de comida na mesa; o pai não está vestido para o dia, sua visão está fraca. E, no entanto, quando se levanta para cumprimentar o filho, a impressão que Georg tem do pai muda momentaneamente: "Seu roupão pesado se abriu ao andar e as pontas esvoaçaram em volta dele. 'Meu pai continua sendo um gigante', pensou Georg consigo". Essa dissonância cognitiva – o pai é um velho fraco ou um gigante poderoso? – vai durar um bom tempo.

Georg informa ao pai que, afinal, decidiu escrever ao amigo em São Petersburgo sobre seu noivado. "– Ah, sim, ao seu amigo – disse o pai, com ênfase." Bem, o que ele está insinuando aqui? À medida que a conversa continua, descobrimos pouco a pouco. O pai afirma que, desde a morte de sua mãe, Georg tem agido de forma suspeita, enganando-o em vários assuntos. "Mas já que estamos falando desse assunto, dessa carta, peço-lhe por favor, Georg, que não me engane. É uma ninharia, não vale nem um suspiro, por isso não me engane. Você realmente tem esse amigo em São Petersburgo?" A resposta de Georg é evasiva, porém talvez ele esteja apenas tentando proteger seu pai doente, que pode estar confuso: "Vamos deixar de lado os amigos. Para mim mil amigos não substituiriam meu pai. Sabe o que eu acho? Você não se poupa o necessário". Ele continua falando por um tempo sobre suas preocupações com a saúde do pai, mas este insiste. E afirma claramente o que o leitor já suspeitava havia algum tempo: "Você não tem nenhum amigo em São Petersburgo".

Georg gentilmente ajuda o pai a se sentar na poltrona e tenta lembrá-lo do amigo e de sua situação. Será que Georg está dizendo a verdade? Será que o pai só está senil e, portanto, esquecido? Georg nota sinais mais preocupantes – o pai não tem dentes, o cabelo está despenteado, a roupa interior não está particularmente limpa – e, de modo silencioso, repreende-se silenciosamente por sua negligência. O pai terá de morar com ele e a noiva para ser bem cuidado, ele decide. Georg carrega o pai para a cama, e o pai está ansioso para se cobrir. "Estou bem coberto agora?", ele pergunta duas vezes, com urgência. Mas a resposta de Georg, "Fique tranquilo. Você está bem coberto", de repente desencadeia algo verdadeiramente horrível. O pai agora aparece claramente como um gigante poderoso em vez de um velho fraco, tão grande que pode tocar o teto – embora o fato de ele ter de se equilibrar para não cair da cama sobre a qual está de pé traga à tona o absurdo dos eventos:

> Não! – bradou o pai [...] atirou fora a coberta com tamanha força que por um instante ela ficou completamente estirada no voo e pôs-se em pé na cama, apoiando-se de leve só com uma mão no forro. "Você queria me cobrir, eu sei disso, meu pequeno, mas ainda não estou recoberto. E mesmo que seja a última força que tenho, ela é suficiente para você, demais para você. É claro que conheço seu amigo. Ele seria um filho na medida do meu coração. Foi por isso

que você o traiu todos esses anos. Por que outra razão?" Georg levantou os olhos para a imagem aterrorizante do pai. O amigo de São Petersburgo, que de repente o pai conhecia tão bem, o comoveu como nunca antes. Viu-o perdido na vasta Rússia. Viu-o na porta da loja vazia e saqueada. Entre os escombros das prateleiras, das mercadorias destroçadas, dos tubos de gás caindo, ele ainda continuava em pé. Por que tinha precisado viajar para tão longe?

Uma palavra é particularmente importante aqui. O alemão "*zudecken*" [cobrir] tem conotações semelhantes ao português "acobertar": de início, o termo é usado para descrever uma ação física de cobrir o pai com um cobertor, mas depois se transforma numa acusação de um delito, a tentativa de repelir o pai em segredo.

Ao mesmo tempo, o amigo distante de repente retorna ao foco. O vocábulo alemão "*Fremde*", que significa "um lugar estrangeiro e desconhecido", e palavras afins são usados várias vezes na história – o amigo parece muito distante de casa, mas também funciona claramente como um prisma através do qual tudo em casa é refratado. O pai não nega mais a sua existência, mas se declara o "representante aqui no lugar" do amigo. De repente, o amigo de São Petersburgo surge como um avatar de ambos os protagonistas da história, tanto de Georg como de seu pai – ou talvez um símbolo da sua disputa pelo poder, já que o pai de repente anuncia:

"Como você hoje me divertiu quando veio perguntar se devia escrever ao seu amigo sobre o noivado! Ele sabe de tudo, jovem estúpido, ele sabe de tudo! Eu escrevi a ele porque você se esqueceu de me tirar o material para escrever. É por isso que há anos ele não vem, ele sabe de tudo cem vezes mais do que você mesmo, amassa sem abrir as suas cartas na mão esquerda enquanto com a direita segura as minhas diante dos olhos para ler".

A história começara com a carta de Georg ao amigo: mas agora, quase no fim, as cartas multiplicam-se e os utensílios de escrita se transformam em verdadeiras armas. O amigo em São Petersburgo surge como o fulcro do conflito entre pai e filho ao decidir quais cartas ler e quais destruir – e, por extensão, em qual versão dos acontecimentos acreditar. Nesse ponto da história, a autoridade está firmemente nas mãos do pai e culmina em seu inesperado pronunciamento, ou "veredicto", a Georg: "Eu o condeno à morte por afogamento!". Observe que o verbo alemão usado aqui é "*verurteilen*"; tal como em português, a palavra alemã "*Urteil*" pode significar tanto uma decisão num contexto judicial quanto uma decisão mais geral e cotidiana – uma interpretação. É como se, ao ganhar vantagem na disputa de interpretações, o pai também ganhasse o poder de condenar Georg à morte, como se fosse um tribunal onipotente.

Georg não só aceita essa sentença estranha, mas também volta ao papel de criança. Não sobrou nenhum vestígio de um empresário bem-sucedido, independente, com autoridade. Ele sai correndo de casa e vai até a ponte que viu nas frases iniciais da história; suas últimas palavras são "Queridos pais, eu sempre os amei", antes de "e se deixou cair". Georg se joga no rio; presumimos que ele se afoga. No entanto, sabemos que Kafka, que até certo ponto se identificava claramente com Georg, era um excelente nadador. Na verdade, sua escola de natação civil favorita ficava bem ao lado da ponte da vida real que inspirou a ponte da história. O que é ainda mais sugestivo, a anotação do diário que se segue ao manuscrito de *O veredicto* no caderno de Kafka compara o "desdobramento" da história diante do escritor ao processo de "avançar em uma extensão de água" – isto é, a nadar. O estranho veredicto pronunciado pelo pai de Georg pode condená-lo ao afogamento, mas o afogamento de Georg engendra a criatividade de Kafka; permite-lhe nadar no oceano – ou melhor, no rio – da criatividade.

A última frase da história é: "Nesse momento o trânsito sobre a ponte era praticamente interminável". Muita tinta foi usada para analisar as conotações da palavra "*Verkehr*", que pode significar trânsito mas também cópula. Aqui, contudo, também coincide com a imagem da natação, ainda mais enfatizada pela palavra "*stream*" acrescentada pelo tradutor ao inglês:* Kafka desbloqueia e se deleita num tráfego interminável de ideias que, ele sente, por fim flui livremente.

---

* Em português, a tradução segue o alemão mais fielmente. A frase em inglês utilizada pela

Outro filho, outro pai

O relacionamento de Kafka com seu pai era notoriamente tenso. Hermann Kafka cresceu na pobreza, numa pequena aldeia tcheca. O seu casamento com Julie Löwy, de classe média, a mudança para Praga e, por fim, a fundação do negócio familiar de varejo no centro da cidade foram triunfos pessoais e profissionais. Sendo o filho mais velho e o único do casal a sobreviver à infância – quando Franz completou 5 anos, os seus dois irmãos mais novos já tinham morrido de doenças infantis, aos 6 e 15 meses de idade –, esperava-se que ele impulsionasse a família à ascensão social. Mas Franz não estava interessado nos negócios da família e, apesar de seu prestigiado diploma em Direito e de um emprego novo e atraente como funcionário público na área de seguros de acidentes, em 1912 – quando escreveu *O veredicto* – não havia encontrado nem realização pessoal nem, ele sentia, a aceitação de seu pai. Hermann não entendia e não aprovava as ambições literárias de seu filho e o tormento emocional que as acompanhava.

Segundo todos os relatos, o pai de Kafka era vigoroso, rude e dominador. A maioria desses relatos, é claro, é do próprio filho. Em 1919, ele redigiu um dos documentos mais extraordinários da sua vida: uma longa carta ao pai, na qual emprega todo o seu talento literário e retórico a fim de lançar luz sobre a difícil relação entre ambos. É de fato uma grande obra: enérgica, precisa, totalmente ordenada, escrita do começo ao fim – ao contrário de grande parte da escrita literária de Kafka, não há pontas soltas ou frases inacabadas nela. "Querido pai", assim começa. "Você me perguntou recentemente por que eu afirmo ter medo de você. Como de costume, não soube responder, em parte justamente por causa do medo que tenho de você, em parte porque na motivação desse medo intervêm tantos pormenores que mal poderia reuni-los numa fala." O que se segue se assemelha a um daqueles desvarios imaginários que compomos mentalmente em resposta a algum encontro ou troca enfurecedores horas depois do fato ocorrido, no qual nossa lógica é devastadoramente

---

autora é "*At this moment there flowed over the bridge an absolutely unending stream of traffic*". A palavra "stream" pode ser traduzida como riacho, córrego, mas também como fluxo. [N.T.]

inatacável, mas, ao mesmo tempo, conseguimos parecer inteiramente racionais, lógicos, até mesmo corteses.

Na carta, Franz detalha memórias de infância particularmente reveladoras; descreve como ele sempre se sentiu fraco e frágil ao lado da fisicalidade autoritária de seu pai. Passo a passo, discorre sobre o papel do pai em diversas experiências formativas de sua vida adulta – compromissos fracassados, marcos profissionais e, por fim, sua escrita. Sempre que uma obra sua era publicada e chegava pelo correio, seu pai não olhava, nem parava o jogo de cartas, apenas dizia – no que supomos que deve ter sido um tom desdenhoso – para "colocá-la na mesa de cabeceira", presumivelmente para nunca ser lida. E, no entanto, "a aversão que naturalmente você logo teve pelo que eu escrevia foi neste ponto excepcionalmente bem-vinda", afirma Franz, "aquela fórmula" – "Ponha em cima da mesa de cabeceira!" – "soava para mim mais ou menos como: 'Agora você está livre!'". Mesmo que não fosse nenhuma liberdade real, explica ele, sua escrita criou um espaço único de comunicação com seu pai de uma forma que era impossível na vida real: "Meus escritos tratavam de você, neles eu expunha as queixas que não podia fazer no seu peito".

Muitos leitores, ao longo dos anos, consideraram a carta de Kafka ao seu pai a chave-mestra de toda a sua obra, a arma fumegante para provar que o significado das suas estranhas histórias pode de fato ser determinado, que o que elas significam em última análise é o seguinte: Franz sentia-se sufocado por Hermann, e a escrita oferecia uma oportunidade para se rebelar, mas a rebelião sempre terminava em vão. Certamente há muitos elementos em *O veredicto* que ecoam tal interpretação: a fantasia de um pai fraco e frágil, que afinal se revela forte e no controle; a centralidade da empresa familiar; o ato de escrever do filho que acabou se revelando ineficaz, desigual diante do poder do pai. Até mesmo o veredicto final e misterioso do pai na história encontra eco na carta, esta posterior: "Para mim, sempre foi incompreensível sua total falta de sensibilidade em relação à dor e à vergonha que podia me infligir com palavras e juízos: era como se você não tivesse a menor noção da sua força". É como se a história hiperbolicamente ilustrasse a extensão do poder do pai. Franz pode ser o escritor, mas são as "palavras e juízos" de Hermann que exercem poder no mundo real.

Ainda assim, não creio que uma abordagem tão biográfica seja suficiente, ou mesmo a mais útil, como uma lente pela qual podemos ler as obras de Kafka. Muitos filhos têm pais dominadores, mas quase nunca nos preocupamos com a dinâmica familiar dos outros. Não nos importamos com a escrita de Kafka por causa de sua biografia; preocupamo-nos com sua biografia por causa de sua escrita. E essa escrita tem o poder surpreendente de repercutir nas pessoas, mesmo que elas não compartilhem das experiências de vida de Kafka. Eu não sou um filho, e meu pai não se parece em nada com o pai de Georg em *O veredicto*, ou com Hermann Kafka. E, mesmo assim, ainda acho *O veredicto* impossível de esquecer: rio sempre que penso na humilde vanglória de Georg para seu amigo possivelmente imaginário, estremeço cada vez que me lembro do pronunciamento fatídico do pai – "Eu o condeno à morte por afogamento!" – e "o trânsito sobre a ponte era praticamente interminável" nunca deixa de me hipnotizar quando tento visualizar a ponte no final da história. Kafka transcendeu a sua biografia, transformou as frustrações da sua vida num repertório de imagens interminavelmente sugestivas e de tensões emocionais que excedem em muito as especificidades dos seus próprios conflitos e ansiedades psicológicas.

A propósito, a carta de Franz nunca chegou ao pai. De acordo com Brod, Franz deu-a à mãe, mas ela a devolveu ao filho em vez de passá-la ao marido. Não sabemos dos detalhes. Tal como acontece com a epístola em *O veredicto*, a função principal dessa missiva da vida real não era abrir um possível caminho de comunicação, mas sim um canal para a liberação emocional e a disputa pelo poder.

O veredicto dos leitores

Mesmo que o pai de Kafka nunca tenha lido *O veredicto*, ao longo dos anos a história excitou a imaginação de um grupo de leitores em particular: teóricos de literatura de todos os matizes. Em 2002, um volume inteiro foi publicado na Alemanha usando essa pequena história como um conveniente estudo de caso para introduzir dez escolas diferentes de teoria literária: hermenêutica, estruturalismo, teoria da recepção, sociologia da literatura, psicanálise, estudos de gênero, análise do discurso, teoria dos sistemas, intertextualidade e desconstrução. Conforme salientam os editores, o próprio título da novela pode ser usado não apenas para descrever o julgamento severo pronunciado pelo pai ao final, mas também o *próprio* julgamento dos leitores – sua compreensão dos acontecimentos da novela e das relações entre os personagens. Novamente, como tantas vezes acontece com Kafka, o foco muda do autor para seus leitores.

Quando falamos de leitores, porém, podemos ter várias coisas diferentes em mente. Às vezes, o que queremos dizer são leitores "profissionais" – estudiosos de literatura, que produzem "leituras" ou interpretações de textos literários de acordo com protocolos disciplinares determinados. No entanto, quando os próprios estudiosos de literatura se referem a "leitores", em geral têm em mente os chamados leitores "implícitos" ou "ideais". Ambos os termos são usados para denotar um leitor "hipotético": nas palavras do crítico literário Andrew Bennett, a pessoa "a quem o texto é dirigido" e que pode "tirar o máximo proveito de um determinado texto", "provido em termos de conhecimento, compaixão e preconceitos, estratégias de leitura, experiência prévia de leitura". Essa concepção normativa de um leitor abstrato implícito no texto, contudo, pode ser extremamente limitante quando se consideram os seus leitores reais, os da vida real.

Em meu próprio trabalho, estou particularmente interessada nas experiências de leitores da vida real muito variados e diversos, através do tempo e do espaço, embora seja muito mais difícil ter uma noção deles. Afinal, leitores "implícitos" ou "ideais" são reconstruções criativas baseadas na leitura cuidadosa de um texto literário, e os leitores profissionais, a quem muitas vezes me refiro como "leitores acadêmicos", produzem livros e artigos. Entretanto, os outros – a quem gosto de chamar de "leitores não acadêmicos", uma vez que outros descritores disponíveis, como "leigos", "amadores" ou "em geral", parecem-me demasiado vagos ou carregados de todo tipo de julgamento desnecessário – não tendem a deixar qualquer evidência escrita e sistemática de seus encontros com os livros. Como se viu neste livro, porém, existem outras maneiras de apreender como e por que as pessoas leem. Exemplos comuns dessas fontes são críticas jornalísticas, cartas de leitores a autores, notas marginais em livros e – na nossa era da internet – publicações em redes sociais. Histórias de manuscritos, edições de livros e traduções também podem gerar *insights* fascinantes, assim como os estudos cognitivos, em que as reações dos leitores são analisadas em experimentos de laboratório. Já vimos exemplos de quase todas essas fontes e, nos capítulos seguintes, conheceremos algumas traduções específicas, bem como um exemplo de *marginalia* no exemplar de Vladimir Nabokov de *A metamorfose* de Kafka.

O próprio Nabokov foi, claro, um escritor famoso, e os escritores tendem a estar entre os leitores mais expressivos e criativos que existem. Os livros de outros escritores servem frequentemente como inspiração explícita ou implícita para as suas próprias obras, e isso também se aplica a outros artistas. Já vimos muitos exemplos desse processo. Vimos também como placas comemorativas, estátuas e discursos, e até mesmo suvenires turísticos, podem nos dar *insights* inesperados sobre práticas de leitura coletiva em determinado tempo e lugar – por exemplo, a Praga comunista.

Às vezes, o que conseguimos são meros vislumbres de leitores muito particulares, mas mesmo esses vislumbres podem muitas vezes ser fascinantes. Pensando na nota febril do diário de Kafka que se segue ao manuscrito de *O veredicto*, talvez queiramos nos deter em uma passagem específica: "A entrada trêmula no quarto das minhas irmãs. Lendo em voz alta". Isso nos diz exatamente quem foram os primeiros leitores, ou melhor, ouvintes dessa história: as irmãs mais novas de Franz: Valerie, conhecida como Valli, e Ottilie, a Ottla (a irmã mais velha, Gabriele, também chamada de Elli, casou-se em 1910 e não morava mais com os pais). Kafka não nos conta como suas irmãs reagiram, talvez porque o que realmente lhe importava naquele momento era a sua própria reação: no dia seguinte, ele leu *O veredicto* mais uma vez em uma reunião de amigos e o texto o comoveu tanto que chorou um pouco – único detalhe da leitura que ele incluiu em seu diário. Sentiu-se seguro em sua convicção de que a história era "indubitável".

Aos dois grupos de pessoas que ouviram *O veredicto* tão logo Kafka o colocou no papel – suas irmãs e seus amigos – talvez possamos acrescentar mais uma pessoa. A passagem do diário de Kafka sobre a leitura da novela para as suas irmãs é imediatamente seguida por: "Antes, espreguiçando na frente da empregada e dizendo: 'estive escrevendo até agora'".

Isso nos faz lembrar da presença de pelo menos mais uma pessoa na casa: a empregada. Tal como a maioria das mulheres empregadas na família Kafka ao longo dos anos, ela era tcheca; por isso, mesmo que tivesse ouvido a história, provavelmente não entendia alemão. As empregadas de Kafka tiveram acesso à sua literatura de uma maneira muito diferente. Na primeira frase de *O desaparecido*, por exemplo, encontramos "Karl Roßmann, de 17 anos, que foi enviado para os Estados Unidos por seus pais pobres porque uma criada o seduziu e teve um filho dele". Esse relato assustadoramente insensível posiciona a empregada como a parte culpada e responsável pela emigração forçada de Karl; ainda assim, a perspectiva narrativa é tão claramente unilateral que de imediato levanta a possibilidade de preconceito: a questão da culpa, responsabilidade e culpabilidade será fundamental para o romance.

Uma empregada doméstica também faz uma breve aparição no final de *O veredicto*: Georg passa por ela nas escadas enquanto corre para a ponte, e ela grita: "Jesus!". Na superfície, esse é apenas um grito convencional de alguém assustado – mas, como acontece em muitos dos textos de Kafka, um sentimento encoberto de sacrifício messiânico pode ser detectado na personagem do protagonista condenado à morte por um crime amorfo, de modo que o grito da empregada também pode ser entendido como uma identificação, altamente significativa, de Georg com Cristo. Aqui, mais uma vez, a empregada é aparentemente relegada a um mero papel secundário e, ainda assim, pode ser a chave para toda a história.

As mulheres tchecas que trabalharam na casa de Kafka moldaram a sua imaginação literária de uma forma ainda mais importante. No início, foi em grande parte por elas que Kafka aprendeu tcheco, e linguistas sugeriram que o alemão talvez só tivesse surgido como sua língua dominante quando ele foi matriculado numa escola de língua alemã, aos 6 anos de idade. À sua volta, tchecos e alemães disputavam a primazia. A maioria da população de Praga falava tcheco, mas grande parte dos membros da elite social e econômica falava alemão. Isso causava muita tensão, e acabaria por chegar ao ponto máximo durante a Segunda Guerra Mundial e logo depois dela. Manifestações físicas dessa tensão podem ser vistas em Praga ainda hoje. O edifício que foi o Novo Teatro Alemão no tempo de Kafka – uma resposta ao Teatro Nacional

Tcheco, com bustos de Goethe, Schiller e Mozart adornando a fachada neoclássica – alberga a Ópera Estatal Tcheca desde a Segunda Guerra Mundial. Os bustos alemães foram removidos após a guerra, mas agora retornaram. Outro centro cultural da época de Kafka, a Deutsches Haus – Casa Alemã –, foi transformada na Slovanský dům – Casa Eslava – em 1945. Já décadas antes, porém, o logotipo da loja do pai de Kafka tinha duas versões distintas: o ramo com a gralha assentada num deles passou de um carvalho, simbolicamente associado à Alemanha, a um ramo de folhas menos distintivo, na outra, mais adequado aos clientes tchecos.

Conto sem fim

A coexistência difícil mas fértil de símbolos, culturas e línguas alemãs e tchecas em Praga se reflete no parágrafo inicial de um dos meus pequenos contos favoritos de Kafka, "A preocupação do pai de família", escrito na casinha de Zlatá ulička. Ele apresenta o nome de uma criatura curiosamente inapreensível conhecida como Odradek:

> Alguns dizem que a palavra Odradek deriva do eslavo e com base nisso procuram demonstrar a formação dela. Outros entendem que deriva do alemão, tendo sido apenas influenciada pelo eslavo. Mas a incerteza das duas interpretações permite concluir, sem dúvida com justiça, que nenhuma delas procede, sobretudo porque não se pode descobrir através de nenhuma um sentido para a palavra.

À medida que a pequena história continua, aprendemos que Odradek não pode ser compreendido porque ele – ou isso, pois ambos os pronomes são usados no texto – é "extraordinariamente móvel" e está sempre em movimento. Até mesmo a sua forma física e aparência são difíceis de descrever:

> À primeira vista ele tem o aspecto de um carretel de linha achatado e em forma de estrela, e com efeito parece também revestido de fios; de qualquer modo, devem ser só pedaços de linha rebentados, velhos, atados uns aos outros, além de emaranhados e de tipo

e cor os mais diversos. Não é, contudo, apenas um carretel, pois do centro da estrela sai uma varetinha e nela se encaixa outra depois, em ângulo reto.

E assim a descrição continua. É um texto extraordinariamente complexo, e há muitas razões pelas quais Odradek é tão difícil de apreender – tanto de capturar fisicamente como de entender intelectualmente. No entanto, uma dessas razões, anunciada logo no primeiro parágrafo, diz respeito às diferenças entre as línguas germânica e eslava. A desinência *-ek* é uma desinência eslava típica para diminutivos: assim como em francês, é possível adicionar *-on* a muitas palavras para indicar tamanho pequeno ou pouca idade – "*chat*" significa "gato", "*chaton*" quer dizer "gatinho"; em tcheco, é possível adotar o mesmo procedimento adicionando a terminação *-ek*. O prefixo *od-* nas línguas eslavas indica desfazer ou contrariar algum processo, ou se afastar de algo; o radical "*rad*" significa "feliz" ou "contente". Assim, como poderíamos interpretar o significado de "*Odradek*" com base em todas essas informações linguísticas? "Criaturinha infeliz"? Mas e a etimologia alemã? "*Rad*" significa "roda", "*Ecke*" quer dizer "canto"; ambas as formas desempenham um papel na estranha descrição da forma física de Odradek. Existe também o verbo tcheco "*odradit*", com equivalentes em outras línguas eslavas, que significa "dissuadir". Curiosamente, porém, esse verbo vem, na realidade, do substantivo alemão "*Rat*", "conselho". De certa forma, tais reflexões filológicas dão uma pista falsa: a história não nos leva a uma interpretação correta do nome de Odradek. Em contrapartida, essas reflexões são centrais para a história. Odradek está suspenso entre as etimologias eslava e germânica, não com a exclusão de uma ou de outra, mas contendo necessariamente multidões: ambas são necessárias, mas nenhuma é suficiente sozinha.

O germânico e o eslavo também se encontram no nome de uma das mais famosas escritoras tchecas: Božena Němcová. O sobrenome dela, herdado do marido, é comum em tcheco e significa "alemão" ou "mudo" – no sentido de alguém que não fala o *nosso* idioma; a maior parte das línguas eslavas até hoje deriva o nome da Alemanha dessa etimologia, refletindo as dificuldades do contato intercultural que remontam a mais de um milênio. Estudiosos há muito apontam a importância dos escritos de Němcová para a formação da imaginação literária de Kafka. O próprio Kafka explicou, numa das suas primeiras cartas a Milena Jesenská, sua amante e tradutora para o tcheco, que aprendeu a "melodia" da língua tcheca com Němcová. Sabemos que trechos de seu trabalho constavam de seus livros escolares, que ele comprou uma edição ilustrada de seu romance clássico *Babička* (*A avó*, de 1855) para ler para as irmãs, que o cenário rural de *Babička*, bem como alguns detalhes específicos do enredo, influenciaram seu próprio romance ambientado no campo, *O castelo*, e que valorizava as cartas de Němcová.

Mas, quando me deparei com o nome dela pela primeira vez em minha pesquisa sobre Kafka, outro livro me veio à mente de imediato. Depois que cresci, entendi que Němcová era a autora de *Národní báchorky a pověsti* (*Contos de fadas e lendas nacionais*, de 1845-1848). Na minha estante, a tradução polonesa dos seus contos de fadas tchecos ficava ao lado de Charles Perrault, da França, dos irmãos Grimm, da Alemanha, e de Hans Christian Andersen, da Dinamarca – o que, agora percebo, denuncia a minha educação na Europa Oriental. Eu achava as histórias de Němcová magnéticas, tão perturbadoras e desconcertantes como só os melhores contos de fadas são. Voltava a uma história tantas vezes quando criança que, assim que vi o nome de Němcová ser mencionado como uma influência para Kafka, algo se abriu em meu cérebro como uma caixa de surpresas. Aqui vai "Povídka bez konce" – em português, "Um conto sem fim":

> Era uma vez que, por volta do pôr do sol, um pequeno pastor pastoreava as suas ovelhas perto de um riacho largo. Claro que o menino tinha muita pressa para chegar em casa, onde sabia que um bom jantar o aguardava. Ora, o amplo riacho tinha apenas uma tábua estreita que servia de ponte, de modo que as ovelhas eram obrigadas a atravessá-la em fila, uma de cada vez. Agora, crianças, vamos esperar até que o menino conduza todas as suas ovelhas pela ponte, e então terminarei minha história.

Essa tradução para o português, contudo, deixa de fora o parágrafo final e crucial que tanto me perturbou e fascinou quando criança:

Os ouvintes estão esperando; mas, quando a paciência acaba, eles querem mais histórias. Então, são informados de que havia muitas ovelhas, e por isso ainda não passaram todas. Às vezes, mais tarde, as crianças exigem uma continuação, e então lhes é dito novamente que as ovelhas ainda não passaram, ou que, quando todas elas passarem, já será de manhã, e então o pastor nem as levará para casa, mas vai pastoreá-las de novo.

Essa é uma abordagem muito pragmática da contação de histórias: qual é o propósito de um conto? Manter as crianças ocupadas. Contudo, algumas crianças nunca se cansam e pedem mais e mais e mais. E, então, um pai ou uma babá cansados encontram uma solução. Essa história nunca termina – não há conclusão, nem resolução, nem explicação. É tentador imaginar Kafka entrando em contato com esse conto quando criança e reagindo como eu: com imensa frustração, mas também fascinado por esse modo perturbador de contar histórias que anda na contramão, evocando nossas expectativas sobre como as narrativas começam, avançam e acabam, apenas para, em última análise, violá-las ao impedir a progressão narrativa, suspendendo-nos, em vez disso, na estratégia de abertura permanente da história. E, no entanto, é evidente que ocorre alguma forma de desenvolvimento importante: se não no texto, então no leitor infantil, cuja compreensão do que é justo e possível na literatura – como na vida – é invertida. Ou, para colocar a questão num tom menos portentoso: o futuro contador de histórias aprende o poder de enganar o seu público.

Esse mecanismo é, obviamente, algo com que Kafka brincaria durante toda a vida. A repetição quase mecânica e esquemática dos fracassos e decepções de Karl em *O desaparecido*; a essência do destino de Josef K. já esboçado na cena de abertura de *O processo*; a circularidade frustrante de *O castelo*. A estrutura mais semelhante a "Um conto sem fim" é "Diante da lei", a famosa parábola de Kafka em *O processo*, publicada como um texto independente durante a sua vida. Nela, um homem do campo chega à lei – nunca fica claro o que exatamente é essa lei ou o que ela implica – e pede acesso ao porteiro. "Mas o porteiro diz que agora não pode permitir-lhe a entrada. O homem do campo reflete e depois pergunta se então não pode entrar mais tarde. 'É possível', diz o porteiro. 'Mas agora não.'" A porta está aberta, porém o porteiro diz ao homem que ele é poderoso, e que há muito mais porteiros, ainda mais poderosos, no caminho para a Lei. O homem decide esperar: o porteiro lhe dá um banquinho. "Ali fica sentado dias e anos. Ele faz muitas tentativas para ser admitido e cansa o porteiro com os seus pedidos." O homem se torna "infantil"; a certa altura, até implora ajuda às pulgas na gola do casaco de pele do porteiro. Mas em vão: finalmente, enquanto o homem está morrendo, ocorre-lhe perguntar por que ninguém além dele jamais apareceu à porta para pedir acesso à Lei. Aqui vai a resposta do porteiro, com a qual a história enigmática termina: "Aqui ninguém mais podia ser admitido, pois esta entrada estava destinada só a você. Agora eu vou embora e fecho-a".

Apesar de todas as diferenças óbvias, parece-me que o texto de "Diante da lei" é animado pelo mesmo impulso básico que tornou "Um conto sem fim" tão inesquecível para mim quando criança. Ambos estão inseridos numa paisagem rudimentar – o campo, onde a única característica arquitetônica digna de nota é um estreito ponto de acesso de um reino a outro, seja uma ponte, seja uma série de portas; ambos são povoados por elencos diminutos e escassos de personagens: pastor e ovelhas, homem do campo, porteiro e pulgas no casaco. Ponto crucial: ambos os contos são governados pelo contraste entre "agora" e "depois": nos dois, a paciência é testada, mas não recompensada. Eles dependem de um paradoxo narrativo não resolvido, e ambos, em sua essência, tratam de poder: o poder do porteiro sobre o homem do campo, da lei sobre seus súditos, mas também dos adultos sobre as crianças, dos contadores de histórias sobre suas plateias.

Percorri um longo caminho para achar um substituto ruim para a sua companhia

Dito tudo isso, não tenho conhecimento de nenhuma evidência concreta de que Kafka conhecesse os contos de Němcová – e ainda assim considero emocionante essa suposta ligação entre os dois escritores, o que me diz algo importante sobre minha forma de atuar como leitora. A exemplo de muitos leitores, dentro ou fora da academia, adoro descobrir esses vestígios, identificando fontes obscuras como um detetive trabalhando em um caso. Em particular, com Kafka, está sempre presente a tentação de explicar a estranheza de sua escrita apontando qual outro texto, evento, pessoa ou lugar a influenciou. Por um lado, é, em última análise, vão. Mesmo que um dia eu pudesse provar que Kafka realmente leu esses contos, o melhor que poderia dizer é que talvez eles tenham desempenhado um papel na concepção de "Diante da lei", entre muitas outras influências. E, mesmo que eu conseguisse localizar uma nota há muito perdida da época em que Kafka estava trabalhando nesse texto, que afirmasse explicitamente: "pensando em *Um conto sem fim* de Němcová" – o que não é impossível: a entrada do diário que comenta *O veredicto* registra "pensando em Freud", ao lado de três outras fontes –, isso ainda não "resolveria" de fato o mistério da parábola de Kafka. O poder explicativo de tais investigações permanece limitado. Por outro lado, não é um exercício inútil. Afinal, é assim que damos sentido ao mundo: procurando conexões, fazendo comparações, buscando associações.

Procurar fontes que possam ter influenciado nossos escritores favoritos também é uma forma de colmatar o abismo histórico e cultural que nos separa. Nesse caso, é a minha forma de me aproximar de Kafka – não muito diferente de viajar para Praga em busca da sua vida depois da sua morte. Para muitos, o momento mais importante nesse gênero de conexão pode ser determinado por meio de uma peregrinação ao túmulo do escritor. No meu último dia em Praga, visito o túmulo de Kafka. O tempo está ruim – frio e chuvoso – e é preciso fazer uma longa viagem de metrô desde o centro da cidade para chegar até aqui: não é de admirar que o lugar esteja quase vazio. Seguindo as indicações de uma grande placa na entrada, contudo, penso nas pessoas que vieram aqui antes de mim.

Em 1994, exatamente setenta anos depois da sua morte, a jornalista, tradutora e sobrevivente do Holocausto Ruth Bondy, tcheco-israelense, esteve no túmulo de Kafka. Ela segurava nas mãos uma das muitas notas – em romeno, italiano, francês e diversas outras línguas – ali deixadas pelos leitores de Kafka. Uma estava em inglês: "Percorri um longo caminho para achar um substituto ruim para a sua companhia". A nota capturava a voz íntima de um leitor desconhecido falando com Kafka numa língua estrangeira através do tempo e do espaço. Foi ouvida por outra leitora, Bondy, que nasceu em Praga um ano antes da morte de Kafka, mas que só descobriu sua obra em Israel depois da Segunda Guerra Mundial. Ela passou a vida buscando o mundo perdido da vida judaica na Europa Central, da qual Kafka talvez seja o símbolo mais famoso.

A nota, que Bondy foi autorizada a guardar – ainda hoje pode ser vista na Biblioteca Nacional de Israel, em Jerusalém –, pode parecer quase insuportável e pateticamente melancólica. Kafka morreu jovem; o mundo em que ele e Bondy cresceram foi destruído logo depois. Muitos de seus escritos foram perdidos nesse meio-tempo; talvez o conhecimento cultural e a experiência necessários para compreendê-los completamente também tenham desaparecido para sempre. Para mim, porém, essa nota está cheia de esperança e de entusiasmo. Capta muito bem a maneira como podemos investir ferozmente em vozes literárias para além das fronteiras da linguagem, do lugar e do tempo. No ato de lamentar a impossibilidade de um relacionamento com Kafka, o leitor inglês estabelece paradoxalmente uma conexão estranhamente comovente com ele e seu mundo – bem como com seus outros leitores: Ruth Bondy, a que pegou a nota; mas agora também você e eu.

No dia frio e chuvoso da minha visita ao túmulo de Kafka, também vejo algumas anotações, mas a tinta escorre pelo papel. E, mesmo assim, consigo vislumbrar toda uma série de leitores que chegam aqui de uma maneira diferente. Um jornal local relata que, de acordo com Chaim Kočí, presidente da *chevra kadisha* local, ou sociedade funerária responsável pela administração ritual dos cemitérios judaicos em Praga, dezenas de milhares de turistas de todo o mundo visitam o Novo Cemitério Judaico todo ano. No entanto, pouco antes de a pandemia do coronavírus chegar, Kočí observou uma nova tendência: "Os grupos mais numerosos eram turistas da Coreia do Sul que vinham prestar homenagem à memória de Kafka". Esse é mais um sinal que eu encontro em minha busca pelas metamorfoses de Kafka ao redor do mundo: Seul é o lugar para se estar. Antes de partir para a Coreia, porém, quero pensar mais sobre o papel que o judaísmo e ser judeu desempenharam na vida de Kafka e sobre os muitos leitores judeus ao longo dos anos que – como Bondy – sentiram uma ligação especial com ele.

4
JERUSALÉM
O Kafka judeu

O Kafka de leitores judeus

No fim do capítulo anterior conhecemos uma leitora judia de Kafka que nasceu num mundo reconhecidamente seu, mas que passou a maior parte da vida numa realidade muito diferente. Este é um ponto importante: embora às vezes tenha havido uma tendência a falar de leituras ou de interpretações judaicas de Kafka, como se se originassem de uma experiência ou identidade uniforme, na verdade elas surgem de uma infinidade de pontos de vista e de perspectivas interligadas, mas não iguais. Mesmo os primeiros leitores judeus de Kafka, os seus amigos de círculos sociais similares em Praga, tinham uma variedade de preocupações e compromissos: por exemplo, alguns eram profundamente religiosos, enquanto outros não eram, e alguns eram dedicados ao sionismo como um movimento político surgido na Europa Central no final do século XIX associado sobretudo a Theodor Herzl, que vimos brevemente no Capítulo 2, enquanto outros permaneciam céticos. Para muitos – incluindo, como veremos, o próprio Kafka –, tais compromissos eram flexíveis e mutáveis. Em outras partes do Império Austro-Húngaro e do Império Alemão, outras variáveis entravam em jogo, e as comunidades judaicas na Europa Oriental em particular desenvolveram formas de culto, política, identidade linguística e modos de vida que difeririam das experiências judaicas na Europa Ocidental – algo que merece a nossa maior atenção porque interessou a Kafka em particular.

Os leitores judeus que se depararam com as obras de Kafka nas décadas que se seguiram à sua morte eram igualmente diversos em suas experiências e pontos de vista. De filósofos judeus alemães, como Walter Benjamin e Hannah Arendt, passando por representantes do Estado de Israel, incluindo juízes da Suprema Corte de Israel, até vários cidadãos israelenses e membros da diáspora judaica multicultural e multilíngue, os leitores judeus representam uma riqueza de diferentes abordagens à vida, à obra e à vida depois da morte de Kafka. Muitas experiências e abordagens diferentes do judaísmo foram importantes durante a recente série de julgamentos sobre a propriedade de uma parte dos manuscritos de Kafka, que, após mais de uma década de processos judiciais, acabaram chegando em 2019 à Biblioteca Nacional de Israel, em Jerusalém.

O que Benjamin Balint chama evocativamente de "O último julgamento de Kafka" se centra na questão do legítimo lugar de vários dos manuscritos de Kafka. Esses manuscritos foram herdados por Eva Hoffe de sua mãe, Esther Hoffe, que, por sua vez, recebeu-os de Brod, que era seu secretário e amigo próximo – possivelmente também amante. As três principais partes envolvidas foram Eva Hoffe, a Biblioteca Nacional de Israel e o Arquivo de Literatura Alemã em Marbach. A biblioteca alegou que os manuscritos deveriam passar para sua responsabilidade com base na interpretação do testamento de Brod. A posição de Eva Hoffe era a de que os manuscritos eram seus bens pessoais e ela tinha o direito de vendê-los – por exemplo, para o arquivo em Marbach, que já havia adquirido de sua mãe o manuscrito de *O processo* na década de 1980. Em última instância, o Supremo Tribunal de Israel decidiu em favor da Biblioteca Nacional de Israel, declarando que os manuscritos de Kafka deveriam ser mantidos ali como parte da herança cultural do povo judeu.

Num ensaio muito discutido, explicitamente intitulado "Quem é o dono de Kafka?", a influente crítica judia estadunidense Judith Butler argumentou que "o caso judicial se assenta na presunção de que é o Estado de Israel quem representa o povo judeu" – uma presunção de que Butler não compartilhava. Balint, porém, afirma que não era o caso de "apenas os israelitas terem interesses" no julgamento, e o arquivo alemão apresentou "uma perspectiva inquestionavelmente desinteressada, neutra e até passiva". Para Balint, "isso reflete uma posição de força, de uma cultura majoritária: só aqueles cujos interesses foram atendidos podem falar de forma 'desinteressada', e só aqueles que acumularam capital literário podem se dar ao luxo de se persuadir da pura universalidade atemporal da literatura". O julgamento funcionou tanto como um processo prático de negociação para definir onde uma parte dos manuscritos de Kafka seria guardada quanto como um pretexto para uma negociação mais teórica tanto do legado de Kafka quanto da compreensão de si mesmas de várias comunidades judaicas – e não judaicas – ao redor do mundo.

Os pontos de vista e as interpretações de diferentes leitores judeus de Kafka ao longo de um século contribuíram para o julgamento, a começar do primeiro leitor de todos: Max Brod. Enquanto Kafka ainda estava vivo e Brod tentava impulsionar a carreira de seu amigo, ele montou um argumento rebuscado: apesar de nunca ter abordado diretamente o judaísmo em sua literatura, Kafka é o autor mais judeu de todos porque o seu anseio por um sentimento de pertença a uma comunidade – de modo implícito, a uma comunidade judaica – é o maior. Recentemente, Dan Miron, um importante estudioso de literatura hebraica moderna e ídiche na Universidade Hebraica de Jerusalém, escreveu sobre a posição central de Kafka no âmbito do que ele chama de "literaturas judaicas modernas" escritas em várias línguas, uma ideia que ele propõe como sua alternativa preferida ao "cânone literário judaico", definido mais exclusivamente como literatura escrita em hebraico moderno. Por meio de Kafka, Miron busca restaurar um sentido de continuidade, amplitude e diversidade da experiência e identidade judaicas conforme refletidas na literatura do século XX.

Kafka e o sionismo

Mas outros leitores não se contentam em inserir o Kafka histórico no panorama mais amplo da escrita judaica e, em vez disso, encontram formas criativas de projetá-lo no futuro que ele não viveu, mas que testemunhou o estabelecimento do Estado de Israel. Num artigo acadêmico inconvencional publicado em 2016, para dar um exemplo, Iris Bruce, uma importante estudiosa do envolvimento de Kafka com temas e motivos judaicos – especialmente os sionistas –, convida seus leitores a imaginar o que teria acontecido se Kafka tivesse se mudado com Dora Diamant para o Mandato Britânico da Palestina em 1924.

Na história alternativa de Bruce, a dupla trabalha primeiro como camponeses num *kibutz* e depois como professores. Kafka recomeça a escrever: ele revisa *O desaparecido* para publicação, exceto que agora Karl Roßmann emigra para a Palestina, e não para os Estados Unidos, e não desaparece, mas começa uma vida nova – como membro de uma patrulha a cavalo (lembre-se que o seu apelido significa "cavaleiro") que protege as colônias judaicas dos ataques árabes. No entanto, o final do romance, sob seu novo título – *O nômade* –, mina as ações de Roßmann, retratando "tanto árabes quanto judeus como 'nômades' indefesos à mercê de figuras de autoridade egoístas, gananciosas e sedentas de poder em todos os níveis da sociedade". Fora do domínio da sua ficção, o Kafka fictício de Bruce apoia esforços pacíficos para criar um Estado em que tanto judeus quanto árabes possam prosperar. Ele também reescreve *O processo*, que por fim foi lançado em 1958 e se tornou o "trabalho seminal sobre o Holocausto"; uma versão reescrita de *O castelo* surge cinco anos depois como um "épico sionista", abrindo com o discurso de Hitler no Castelo de Praga em 1939, o que leva o protagonista a emigrar para a Palestina a fim de trabalhar lá como agrimensor. Seus três principais romances são incluídos na menção para o "escritor israelita" Franz Kafka em 1966, que se torna o primeiro a receber o Prêmio Nobel de Literatura no país, pouco antes de sua morte em 1968. Ele se transforma em uma celebridade literária em sua nova terra natal e, hoje, "todas as principais cidades israelenses têm ruas ou edifícios importantes com o nome de Kafka". Entre o Nobel imaginário de Kafka e sua morte está a Guerra dos Seis Dias em 1967: na versão de Bruce, sua vida se torna inextricavelmente entrelaçada à história e à política do Oriente Médio.

Em outro artigo, Bruce argumentou que Kafka "exerceu uma influência importante nas literaturas israelense e palestina que criticam o Estado sionista". Atef Botros al-Attar, que pesquisa a recepção árabe de Kafka, complica esse quadro apontando para "oito décadas de obsessão árabe" com Kafka, que "oscila entre o fascínio, a iconização e a santidade, por um lado, e a acusação, o ceticismo e a denúncia, por outro", e cita uma frase de Mahmoud Darwish, muitas vezes considerado o poeta nacional da Palestina, escrita depois do cerco israelita a Beirute: "Encontrei Kafka dormindo debaixo da minha pele". Jens Hanssen, um historiador do Oriente Médio, argumenta que "os riscos da leitura de Kafka no mundo árabe contemporâneo" são ainda maiores do que Botros sugere: "O trabalho de Kafka faz parte do léxico político árabe precisamente porque muitos árabes sentem que experimentaram a sua ficção como realidade".

Um dos exemplos de Hanssen é Nayrouz Malek, um romancista sírio que pôs Kafka em evidência num "ousado trabalho de crítica ao regime" no ano 2000, ano da Primavera de Damasco. Num momento de crise pessoal e política, o protagonista de Malek mergulha na escrita de Kafka a tal ponto que, no fim da história, vive sob o nome "Kafka" num asilo para doentes mentais. Antes de dar esse passo, ele começa a conversar com uma estátua de Kafka – em árabe, língua que, explica a estátua, decidiu aprender: "porque, em sua luta febril contra o sionismo, alguns críticos árabes me acusaram de ser um sionista e um escritor que serve à ideologia sionista", e queria "dizer-lhes que a minha posição é oposta à que eles pensam". Esse Kafka antissionista é uma invenção anacrônica – e nem é por causa de suas opiniões reais sobre o sionismo, que eram ambíguas, mas porque o tipo de sionismo sobre o qual ele tinha aquelas opiniões, tal como o conheceu nas décadas de 1910 e 1920 em Praga, Viena e Berlim, era um movimento diferente do sionismo do final do século XX e início do século XXI. Simplesmente não podemos saber o que Kafka pensaria da política sionista atual.

E, no entanto, o desejo de saber – o desejo de alistar Kafka como aliado ou como oponente de uma determinada agenda política – é grande. Para esses leitores, claramente é importante o que Kafka pensava – e ainda mais o que pensaria se tivesse vivido mais tempo. Essa é, em última análise, a genealogia da história alternativa de Bruce, na qual Kafka se torna o primeiro ganhador do Prêmio Nobel israelense, mantendo uma relação conturbada com o conflito árabe-israelense, e da estátua antissionista ressuscitada de Malek, talvez só imaginada pelo inquieto protagonista sírio. De forma mais ampla, existe entre os leitores de Kafka uma tendência clara a adotá-lo e utilizá-lo nos conflitos de suas próprias épocas, como já vimos na Grã-Bretanha devastada pelo Brexit, na Tchecoslováquia comunista e em outros contextos.

Existem muitos fatores em jogo. A morte prematura de Kafka, aliada ao estado inacabado da maioria de seus manuscritos, e a frequente ambiguidade e jogos com paradoxos no cerne de seus textos são convidativos a reescritas e vidas póstumas. Seu *status* icônico na cena literária mundial promete conferir legitimidade a seus autoproclamados discípulos; a luz refletida de sua celebridade talvez ilumine os que permanecem nas sombras. Como veremos no Capítulo 5, "kafkiano" tornou-se uma marca literária que pode ajudar a vender e promover livros, muitas vezes em tradução. Contudo, na raiz de todas essas razões secundárias para a fama de Kafka está a rica tapeçaria da sua vida mental e criativa, cujos muitos fios parecem por vezes puxar em direções diferentes, embora essa complexidade apenas aumente a sua atração. Já o vimos em sua relação com a língua e a cultura alemãs e em seu ambiente tcheco. Agora também o veremos na atitude de Kafka em relação a seu judaísmo.

A judeidade de Kafka

Com frequência se diz que a palavra "judeu" não aparece em nenhum lugar da literatura de Kafka – mas ela surge repetidamente em seus outros escritos, incluindo as cartas, nas quais ele amiúde discute sua própria identidade e várias questões sociais que o povo judeu enfrentava. Essas reflexões são muitas vezes ambíguas ou contraditórias e mudam com o tempo. Não devem ser reduzidas a um fragmento de 1914 do diário de Kafka, sem nenhuma ligação óbvia com notas anteriores e posteriores, porém frequentemente citado devido à sua tentadora brevidade e determinação: "O que eu tenho em comum com os judeus? Não tenho quase nada em comum comigo mesmo, e eu devia ficar completamente quieto num canto, contente por poder respirar". A palavra alemã usada aqui para expressar pontos em comum – "*gemeinsam*" – partilha sua raiz com a palavra "*Gemeinschaft*", a "comunidade" pela qual Kafka tanto ansiava, segundo Brod. Tal como tantas vezes acontece com Kafka, seu comentário parece profundamente sério, um registro de desconforto e até de dor – e discretamente humorístico: a exasperação dramática da pergunta retórica inicial, a tragicomédia de um homem que "quase nada" tem em comum consigo mesmo, a imagem hiperbólica desse homem ansioso quieto num canto como uma criança travessa.

O comentário de Kafka esconde ainda outra dualidade. Postula a existência de uma comunidade judaica estável e uniforme da qual não faz parte – ao passo que, como ele próprio sabia muito bem, muitas comunidades judaicas diferentes coexistiam em seu tempo, e as diferenças entre elas o fascinavam infinitamente. Na próxima seção conheceremos Puah Ben-Tovim, um dos professores de hebraico de Kafka, nascido e criado na Palestina, representante da primeira geração de falantes nativos de hebraico moderno. Mas começaremos com pessoas que estavam muito mais próximas de casa, geograficamente falando, e ainda assim eram tidas como igualmente, se não mais, afastadas do modo de vida de Kafka e de seus amigos de Praga, Viena e Berlim: os chamados "*Ostjuden*", ou judeus da Europa Oriental.

O termo "*Ostjuden*" foi usado por judeus de língua alemã para se referir aos judeus de língua ídiche que viviam em vários países da Europa Oriental, sobretudo na Polônia, onde havia aproximadamente 3 milhões de judeus nas décadas de 1910 e 1920. A diferença linguística era vista como crucial nessa diferenciação – tanto que os ancestrais da maioria dos judeus de língua alemã na Europa Ocidental, incluindo a família de Kafka, também falavam ídiche e a mudança para o alemão era fundamental para a sua assimilação social. Para Kafka, letrista multilíngue que era, a língua ídiche parecia fascinante.

Quando Kafka escreve sobre o ídiche, ele o chama de "jargão". Esse termo inicialmente me pareceu surpreendente, uma vez que soa pejorativo, mas o que Kafka tem a dizer sobre ele claramente se enquadra como algo positivo – pelo menos em comparação com a negatividade descarada defendida por outros falantes de alemão. A língua cujo nome apenas recentemente, no final do século XIX e início do século XX, foi padronizado como "ídiche" – que também significa "judeu" – de início foi conceituada pelos falantes de alemão como uma forma degradada de alemão, muitas vezes referida como "judaico-alemão". Alguns judeus de língua alemã também adotaram essa retórica negativa. Como Jeffrey Shandler explica em seu livro *Yiddish: Biography of a Language*, "*zhargon*" foi um dos termos mais duradouros para ela; embora tenha se originado como um descritor com conotações decididamente negativas, era "a língua inescrutável de um grupo fechado ou uma forma de discurso degradada e incivilizada – em ambos os casos, algo menor do que uma língua completa e distinta". Mas o uso desse termo evoluiu ao longo dos anos e, na época de Kafka, era empregado com frequência como um descritor neutro. Como mostra Shandler, por volta da virada do século XX, o termo aparecia até em títulos de vários livros didáticos de língua ídiche. E, no entanto, mesmo depois de ter sido até certo ponto recuperado, o termo "jargão" continuou a codificar séculos de opressão e discriminação enfrentadas por seus falantes, sobretudo nas mãos daqueles que falavam o alemão vizinho, de maior prestígio.

Os judeus de língua ídiche eram também frequentemente sujeitos a um tratamento hostil em meu próprio país, a Polônia, onde viveram desde a Idade Média e representavam cerca de dez por cento da população antes da Segunda Guerra Mundial – a percentagem mais alta em toda a Europa. Noventa por cento dos judeus poloneses foram assassinados durante o Holocausto, e muito poucos sobreviventes ficaram na Polônia depois da guerra. Enquanto eu crescia, não aprendi o suficiente sobre essa história. Foi só depois de me mudar para a Grã-Bretanha e experimentar a vida numa comunidade multicultural, com as suas tensões – mas, sobretudo, com a sua riqueza cotidiana –, que fui capaz de compreender melhor até que ponto o Holocausto, uma tragédia total devido às suas vítimas predominantemente judias, foi também uma perda profunda para a Polônia, que mudou para sempre sem a sua população judaica. Esse sentimento de perda foi expresso pouco antes de eu emigrar num projeto iniciado pelo ativista e performer Rafał Betlejewski, que pintou a frase "*tęsknię za tobą, Żydzie*" – "sinto a tua falta, judeu" – em importantes espaços públicos de toda a Polônia.

Buscando as vidas póstumas de Kafka na Polônia, descobri que ele também foi cooptado para esse projeto nostálgico de renascimento judaico. O livro de Remigiusz Grzela *Franz K.'s Luggage: The Journey That Never Was* (2004) conta histórias de judeus poloneses que Kafka conheceu e com quem desenvolveu relações estreitas – entre eles: seu último amor, Dora Diamant; o ator Jizchak Löwy; e outros membros da trupe de teatro ídiche de Löwy. O livro de Grzela foi posteriormente adaptado como *Circus Kafka* no Teatro Judaico de Varsóvia, apresentando "a estrela de um show de variedades judeu-tcheco-alemão-polonês: Franz

Kafka", que conhece Dora Diamant e decide se mudar com ela para Varsóvia. A peça, contudo, apresenta essa "Warszawa" ("Varsóvia") como "Niewarszawa" ("Não Varsóvia"), marcando a perda de vidas judaicas e da vida cultural judaica, que praticamente desapareceu da capital polonesa depois da Segunda Guerra Mundial. Além disso, imagina uma "Kafkopolis" na qual todos os personagens poderiam viver. Aqui, vemos mais uma vez uma fantasia de ressurreição; porém, ao contrário dos textos de Bruce e de Malek, Kafka se empenha em pensar não na política sionista no Oriente Médio nas décadas depois da sua morte, mas na política do passado judaico da Polônia.

Do ídiche ao hebraico

Kafka conheceu Löwy em 1911, quando a trupe de Löwy fez uma turnê por Praga. Muitos comentadores menosprezaram suas atuações, que eram feitas de forma barata, apoiavam-se no humor pastelão e não aspiravam ao prestígio e à autoimportância dos teatros de repertório institucionalizados. Kafka, porém, ficou fascinado: no outono de 1911 e no inverno de 1912, descrições detalhadas dos espetáculos em ídiche a que ele assistiu e dos atores que conheceu ocupam grande parte dos seus cadernos. O documento mais famoso dessa época é um breve discurso que Kafka fez antes de uma das apresentações da trupe em Praga. É direcionado a espectadores de língua alemã: ou melhor, a ouvintes – pois Kafka se centra na experiência de ouvir a língua ídiche como um judeu que fala alemão.

"Antes de chegarmos aos primeiros poemas de nossos poetas judeus orientais, gostaria, senhoras e senhores, apenas de dizer algo sobre quanto mais do jargão vocês entendem do que pensam", começa Kafka. Contudo, essa compreensão está atualmente bloqueada por tamanho "medo" do "jargão" que "quase podemos vê-lo nos seus rostos" – um medo "misturado com certa aversão fundamental". Qual é a fonte dessas emoções horríveis? Kafka contrasta explicitamente a "ordem" da vida judaica na Europa Ocidental com a "confusão" do "jargão" – o qual, diz ele, carece de expressões sofisticadas e não tem uma gramática adequada, exatamente por ser a mais jovem língua europeia. Consiste exclusivamente em palavras emprestadas de outras línguas, e a única "língua" que por sua vez toma emprestado dela é a gíria dos ladrões; na verdade, "o jargão como um todo consiste apenas em um dialeto". "As observações de Kafka sobre a natureza do ídiche", escreve Shandler, "estão tão cheias de erros que eles parecem vergonhosamente deliberados." Não estou inteiramente convencida dessa interpretação indulgente do discurso de Kafka.

Antes, porém, é útil – como faz Shandler – vincular a abordagem "divertidamente contraditória" de Kafka sobre o ídiche à evocação da língua feita por Freud em seu estudo *O chiste e sua relação com o inconsciente* (1905), no qual ele a associa a um Eu judeu "verdadeiro" reprimido, enquanto o alemão representa o superego assimilado. Na realidade, o cerne do discurso de Kafka gira em torno da relação tensa entre as duas línguas, que oscila entre a familiaridade e a não familiaridade, talvez mais bem captada por outro dos famosos termos de Freud: o inquietante. Kafka diz:

> As ligações entre o jargão e o alemão são demasiado delicadas e significativas para não serem despedaçadas no instante em que o jargão é transformado mais uma vez em alemão, ou seja, já não é o jargão que se transforma, mas algo que perdeu completamente seu caráter essencial. Se for traduzido para o francês, por exemplo, o jargão pode ser transmitido para o francês; mas, se for traduzido para o alemão, será destruído: "*toit*" não é a mesma coisa que "*tot*" [morto], e "*blüt*" está longe de ser "*Blut*" [sangue].

A tarefa que Kafka atribui a seus ouvintes é, então, tentar "compreender o jargão intuitivamente". "Se ficarem quietos, de repente, vão se encontrar em meio ao jargão", aconselha ele ao público, "e o jargão é tudo, as palavras, a melodia hassídica e o caráter essencial desse ator judeu da Europa Oriental", explica. Então, será possível ocorrer uma mudança crucial – "isso vai assustá-los, mas não será um medo do jargão, mas de vocês mesmos" – e, ainda assim, essa experiência de permanecer no "jargão" poderá inspirar uma sensação de "autoconfiança" que permitirá aos ouvintes superar esse medo. Kafka está mobilizando o preconceito antissemita internalizado de seu público, dirigido especificamente aos falantes de ídiche, a fim de lhes mostrar duas coisas: primeiro, que a sua fluência em alemão não os isola, em última análise, de tal preconceito; em segundo lugar, que, ao tentar se isolar dele, os judeus de língua alemã, ocidentalizados e assimilados, perdem algo importante – uma ligação à força bruta (mas essencial) do ídiche e, com ela, à vida judaica da Europa Oriental.

Em certo nível, o discurso de Kafka é uma tentativa tortuosa de escapar intelectualmente do antissemitismo internalizado. No entanto, em outro nível, eu sugeriria uma interpretação diferente. Na década de 1990, a estudiosa sérvia Milica Bakić-Hayden cunhou o termo "orientalismos de aninhamento" para complicar a famosa teoria do orientalismo de Edward Said, apontando que mesmo comunidades que estão elas próprias sujeitas à orientalização por outros podem, por sua vez, orientalizar outro grupo. No Capítulo 2, vimos que Kafka foi orientalizado por alguns leitores alemães mais bem instalados na Europa Ocidental devido à sua proximidade com o leste "espiritual" e "selvagem" da Europa; agora, vemos que o próprio Kafka fala dos judeus da Europa Oriental em termos semelhantes, fetichizando as supostas "simplicidade" e "autenticidade" de sua cultura e de seu modo de vida. Kafka afirma falar com admiração – mas essa ainda é uma forma de alteridade.

Não foram apenas o ídiche e sua promessa tentadora de acesso a um domínio diferente da experiência judaica que fascinaram Kafka: ele também desenvolveu um interesse pelo hebraico. Num dia de inverno, marquei um encontro na Biblioteca Bodleian com um colega que pesquisa literatura hebraica moderna. Fomos ali para dar uma olhada nos cadernos de hebraico de Kafka. Mas não pudemos ver os cadernos em si – eles são muito frágeis; em vez disso, fomos para um computador que nos foi designado no canto da sala de leitura. É necessária uma senha especial; tínhamos essa senha especial. Existe apenas uma pasta na área de trabalho. Ela contém fotografias de alta resolução das páginas individuais de todos os cadernos de Kafka mantidos em Oxford, incluindo todas as páginas em branco, bem como algumas folhas soltas e até meros pedaços de papel.

Curvados sobre a tela, começamos abrindo o MS. Kafka 33, um caderno que nunca foi publicado ou mesmo transcrito, exceto, talvez, para uso privado de estudiosos que visitaram a biblioteca ao longo dos anos. Tudo o que sabemos é que contém um pouco de escrita em hebraico e um pequeno desenho na capa interna: uma forma invertida, amorfa e ondulada, com uma cabeça oval e calva e fendas para os olhos e o nariz. Uma "figura fantasmagórica", segundo Andreas Kilcher, que há pouco tempo reuniu meticulosamente todos os desenhos conhecidos de Kafka numa luxuosa edição de mesa de centro, alguns esboços impressionantes, mas sobretudo rabiscos e rascunhos. Como Kafka anotou o termo hebraico "guardião do limiar" ou "porteiro" na primeira página do caderno, Kilcher conjectura que o desenho ilustra esse conceito ressonante, mas, em última análise, elusivo, muitas vezes evocando a suspensão entre a vida e a morte. Ele data o caderno de 1923, quando a saúde de Kafka estava se deteriorando tão rapidamente que ele sabia que se aproximava desse limiar específico. Seu porteiro fantasmagórico, contudo, também guarda o portal que vai do alemão ao hebraico. Depois de uma última olhada nessa estranha criatura, mergulhamos no mundo dos cadernos hebraicos de Kafka.

Os cadernos hebraicos

Como uma aprendiz de línguas ao longo da minha vida, fico estranhamente comovida, porque o que vejo é muito familiar. A maioria das páginas está preenchida com listas de vocabulário: duas colunas por página, com palavras em hebraico à direita e palavras em alemão à esquerda. De vez em quando há frases mais longas, às vezes uma ou duas frases, ou um verbo e suas respectivas conjugações. O alemão é relativamente fácil de ler, mas há dificuldades com o hebraico: a escrita é inconstante, idiossincrática – exceto por algumas páginas de lições nas quais Kafka claramente se esforçou para escrever sua melhor caligrafia em hebraico.

O vocabulário é avançado, meu colega ressalta. De vez em quando nos deparamos com palavras bastante elementares, mas é claro que todo aluno de línguas conhece a frustração de esquecer as expressões mais básicas porque está trabalhando muito para dominar uma gramática difícil ou – pior ainda – percebe que nem conhecia aquela frase simples. Aprender línguas mantém você sob controle: você nunca parece tão inteligente, articulado e conhecedor quanto gostaria ou acha que deveria ser. No entanto, isso não o impede de tentar – e Kafka aproveitava todas as oportunidades para praticar seu hebraico. Na primavera de 1920, por exemplo, poucos dias depois de sua chegada ao balneário de Meran, no sul do Tirol, para se curar, Kafka aproveita: "é a oportunidade de trocar minhas escassas palavras de hebraico" com um "traficante de tapetes turco-judeu", "um amigo íntimo do rabino-chefe de Constantinopla".

Paro um momento para imaginar que tipo de conversa com esse negociante de tapetes, ou com um de seus professores, Kafka poderia ter tentado construir em torno das palavras que rabiscou nos cadernos agora mantidos na Bodleian. O meu exemplo preferido é a página em que, uma após a outra, encontramos as seguintes palavras: "canário", "por causa de", "dormir mal". É possível imaginar Kafka tentando reclamar em hebraico de sua noite perturbada e manhã difícil, como costuma fazer em alemão em seus diários e cartas. Ou talvez esteja tentando explicar a sua rotina diária – um exercício comum a qualquer estudante de línguas. Ele anota palavras para "lavatório", "anterior", "usual", "exceção". Com as habilidades linguísticas reduzidas a um nível intermediário, que é o ponto do hebraico em que Kafka estaria, você se apega aos fatos concretos. Geralmente durmo mal. Acordo tarde e lavo o rosto em uma pia antes de ir trabalhar. E há Gregor Samsa, claro, com os seus "sonhos intranquilos": olhando o vocabulário naquela página dupla, Kafka poderia ter tentado resumir as frases iniciais de *A metamorfose* em hebraico.

Pulando as páginas, descobrimos muitos detalhes mínimos e encantadores. Há trechos em tcheco, francês e italiano: uma lembrança do multilinguismo de Kafka para além do alemão e do hebraico. Outras páginas se revelam inesperadamente comoventes. A certa altura, Kafka escreve as palavras para "termômetro", "graus (de febre)" e o esqueleto de uma frase mais longa: "estou cansado demais para". Sua doença estava progredindo com rapidez.

Depois, há uma folha solta na qual Kafka escreveu uma carta a uma de suas professoras, Puah Ben-Tovim, em 1923. Meu colega se demora nela; é a sua parte em hebraico favorita em toda a coletânea. Ben-Tovim é uma das figuras mais intrigantes da vida de Kafka. Ela nasceu em 1903, em Jerusalém, numa família de língua hebraica, o que a tornava uma das primeiras falantes nativas do hebraico moderno. No final do século XIX e início do século XX, a linguagem sagrada da Bíblia estava sendo adaptada para uso diário na Palestina; a partir da década de 1880, alguns pais judeus que cresceram falando outras línguas começaram a criar seus filhos usando essa forma vernácula do hebraico.

Ben-Tovim foi para Praga em 1921, depois de terminar a escola de língua alemã em Jerusalém, a fim de iniciar a faculdade de matemática; ela se tornaria professora em Israel. Tinha 18 anos quando chegou a Praga, onde um rabino local sugeriu que atuasse como professora voluntária de hebraico moderno. Entre seus alunos: um certo Franz Kafka. "Na época, esse nome não significava nada para mim", relembrou Ben-Tovim décadas depois. Ela ficou surpresa ao descobrir que Kafka já estudava hebraico desde 1917.

"Kafka parecia fraco, muito fraco." Claro que sim: quando Ben-Tovim o conheceu, em 1922, sua tuberculose já estava muito avançada. No entanto, isso não era tudo. Ela continua, suave: "Os efeitos da sua doença eram agravados ainda mais por suas dificuldades com as mulheres. Pouco a pouco soube de alguns detalhes". Será que isso poderia explicar como as palavras para "noiva", "noivado" e "quatro vezes" apareceram numa página de um caderno de 1923, apesar de só conhecermos três noivados de Kafka? De qualquer forma, esse era um panorama um tanto alarmante: Kafka tinha o dobro da idade de Ben-Tovim e ela reclamava dos alunos mais velhos do sexo masculino que a abordavam. Mas não parecia contar Kafka entre os homens que a incomodavam. Ele era reservado e muito educado, ela diz: muitas vezes, elogiava-a por sua aparência; uma vez, declarou que a confiança dela o atraía, mas ela "não detectou nenhuma tensão erótica" entre os dois. E depois: "ele era inegavelmente atraído por mim, mas mais por um ideal do que pela garota real que eu era; pela imagem da distante Jerusalém, sobre a qual ele sempre me perguntava e para onde queria me acompanhar em meu retorno".

Na breve carta que examinamos na Bodleian, Kafka tenta confortar Ben-Tovim, que aguarda ansiosamente uma carta de Jerusalém enviada pelos seus pais, desaprovando seu plano de continuar os estudos em Berlim. Muito disso deve ter repercutido em Kafka: desaprovação dos pais? Desejo de se mudar para Berlim? Ansiedade com uma carta a chegar? Essa era a essência da vida do homem! Não admira que a situação o tenha motivado a escrever cuidadosamente as letras hebraicas com muito mais clareza do que em suas anotações habituais. Apesar de uma gramática hesitante e uma ocasional escolha insólita de vocabulário, a carta é ao mesmo tempo engraçada e comovente. Kafka começa contando os fatos da situação e depois se encaminha para seu assunto:

> Compreendo bem o caos que muitas vezes se sente ao esperar por uma carta decisiva que se perde em algum lugar. Já senti a mesma ansiedade muitas vezes em minha vida. É espantoso que ninguém se transforme em cinzas antes de realmente se transformar. Lamento que você esteja sofrendo tanto, pobre querida Puah; no meio-tempo a carta chegou e agora tudo está bem.

Contudo, poucos leitores de Kafka estarão familiarizados com essa encantadora carta em hebraico: os escritos hebraicos de Kafka são os únicos manuscritos seus que ainda não foram publicados, exceto alguns trechos dispersos. Eles deverão aparecer como o último volume da edição crítica da obra de Kafka publicada pela S. Fischer Verlag na Alemanha; estão anunciados como "a sair" há várias décadas. É por isso que a emoção de ver os cadernos de hebraico de Kafka na Bodleian, mesmo na tela de um computador, é tão palpável – tanto para mim, uma estudiosa de Kafka que não sabe hebraico, quanto para meu colega, que não trabalha com Kafka mas dedicou sua vida ao estudo do hebraico.

O caderno hebraico

Por mais entusiasmados que estejamos com a leitura desses cadernos, ainda estamos muito longe do relato mais impressionante do encontro de Kafka com o hebraico que já encontrei. Essa distinção foi dada a Ruth Kanner, professora de Artes Teatrais da Universidade de Tel Aviv e diretora de um grupo de teatro experimental. Em 2013 – durante o julgamento em curso sobre a propriedade dos manuscritos de Kafka –, Kanner foi convidada pelo diretor da Biblioteca Nacional de Israel a fazer uma releitura artística de um livro escolhido entre as suas coleções, releitura que celebrava o 120º aniversário da instituição. Aqui vai a tradução para o português do monólogo hebraico interpretado por uma atriz que dá vida a Kanner, no início da peça criada por ela em resposta a esse convite:*

> Fui à livraria. Estava procurando algo que fosse do meu interesse, mas não encontrei nada. Estava prestes a desistir... e então – simples assim –, sem nenhuma expectativa real, perguntei ao arquivista – talvez, por acaso, você tenha algo escondido em... de... provavelmente não... porque tudo foi publicado e dito, mas... talvez... ainda... tenha por acaso algo nos arquivos de... Franz Kafka??? E ele disse: sim... E foi para o subsolo – é onde eles escondem em cofres todos os seus tesouros especiais – e voltou com um caderno fino e azul, e o segurei em minhas mãos!!! Tenho nas mãos um caderno que o próprio Franz Kafka escreveu! A própria caligrafia! Eu não sabia o que fazer com ele – senti o cheiro! Queria comê-lo!!!

Assim que me deparo com uma descrição dessa peça, intitulada *O caderno hebraico*, e seu monólogo de abertura repleto de energia frenética, fico determinada a encontrar uma maneira de assistir a ela: assim, terei uma oportunidade única de vivenciar um encontro intenso e emocionante com um dos cadernos hebraicos de Kafka, muito semelhante aos que vi na Bodleian, na perspectiva de uma falante israelense de hebraico.

Para minha alegria, um membro prestativo da companhia de teatro de Kanner conseguiu que eu assistisse a uma gravação da peça no Zoom. Numa manhã de inverno, sento-me à mesa da sala de jantar e abro meu notebook. É uma experiência muito estranha: estou separada da peça por uma barreira linguística, duas telas de computador, a lente da câmara, vários anos e muitos quilômetros, e ainda assim a considero cativante. O fascínio visceral por um dos pequenos cadernos azuis de Kafka se comunica claramente até mesmo através de todas essas camadas de distância: sinto que o estou cheirando e quero mastigá-lo também! A peça estimula esse apetite por palavras: à medida que o público passa

---

* No original em inglês, cita-se a tradução para o inglês feita por de Freddie Rokem. Aqui, traduzimos com base nela, conforme consta no livro. [N.T.]

do saguão onde foi realizado o monólogo de abertura para a sala principal do teatro, todos recebem seu próprio cartãozinho contendo um dos pares de vocabulário alemão-hebraico de Kafka.

Kafka foi muitas vezes submetido a um tratamento semelhante por parte dos estudiosos: não apenas uma leitura atenta, mas uma análise meticulosa palavra por palavra. Em sua biografia de Kafka, Brod chegou ao ponto de proclamar que seu amigo nunca escreveu uma "única palavra" que não fosse "infundida com um encanto mágico e especial". Os cadernos hebraicos se prestam a tal abordagem, para menos – e para mais. Para menos porque não são textos literários; para mais porque são listas de palavras reais, e as palavras listadas são indiscutivelmente centrais para a vida e a obra de Kafka. Esse, pelo menos, é o argumento implícito da peça de Ruth Kanner. Uma palavra que os atores conjugam no palco, por exemplo, é o verbo hebraico "*radaf*" – "perseguir". A essa recitação se segue uma simples encenação de dois pequenos textos de Kafka, "Uma folha antiga" e "Chacais e árabes", ambos descrevendo conflitos territoriais entre duas comunidades diferentes. Como explica Freddie Rokem, professor do Departamento de Estudos Teatrais da Universidade de Tel Aviv, no final da peça "o público é transportado do mundo das palavras individuais e de suas potenciais associações para as perturbadoras narrativas de conflito em que as palavras agora servem ao desenvolvimento da história".

Ao vincular a aquisição de palavras individuais em um novo idioma por Kafka à sua narrativa alemã, *O caderno hebraico* concentra nossa atenção no processo pelo qual a escrita de Kafka em língua alemã se desenvolveria com base em notas dispersas. Não muito diferente dos seus cadernos hebraicos, os diários de Kafka com frequência também apresentam frases curtas, até mesmo palavras sozinhas e desconexas: fragmentos de pensamento ou expressões que ele ouviu ou leu em algum lugar; frases incompletas, muitas vezes deliciosamente sugestivas de uma história que delas poderia emergir.

No entanto, ao contrário de muitos dos meus colegas e outros leitores, devo confessar que não gosto particularmente de ler os diários de Kafka. Muito do que há neles é mundano ao extremo – registros simples de quem Kafka viu e aonde foram, como eram as pessoas que ele viu, quanto (ou – com mais frequência – quão pouco) ele dormiu – ou coisas claramente desanimadoras: muita autopiedade pelo que parecem ser incidentes bastante mesquinhos, sexismo extremamente banal nas descrições de mulheres, comentários indelicados sobre este ou aquele amigo ou membro da família, descrições detalhadas de sonhos que, tal como – sejamos francos – a maioria dos sonhos, perdem bastante de seu poder sugestivo ao serem contados. Os diários dão muitas informações factuais interessantes sobre a sua vida, mas os esforços para reconstruir a psicologia e o caráter de Kafka se baseando neles falham muitas vezes. Observações isoladas, contraditadas em outros lugares, são infladas a proporções grotescas; muito se fala do que eram comentários claramente descartáveis. Kafka ficaria mortificado com a ideia de estranhos lendo e analisando seus diários dessa maneira, e me sinto uma *voyeur* cada vez que abro um volume.

Escrevendo o corpo

Mas há alguns trechos bons nos diários, é claro, e quase sempre a razão pela qual gosto deles é que Kafka consegue transformar gradualmente em uma comédia suave aquilo que começa como uma demonstração de autopiedade obsessiva. Tomemos a passagem a seguir, de novembro de 1911, vários anos antes de qualquer declínio aparente observável em sua saúde. Kafka, porém, assume um tom sério e desesperado e, em retrospectiva, sabendo o que o espera – acabará por tossir sangue, perder peso de modo dramático, morrer tragicamente jovem –, é difícil não levar a sério as suas queixas:

> Não há dúvida de que o principal obstáculo ao meu progresso é a minha condição física. Com este corpo nada pode ser alcançado. Terei de me acostumar com seu perpétuo fracasso. Pelas últimas noites de sonhos loucos, mas maldormidas, eu estava tão incoerente esta manhã, não senti nada além da minha testa, vi uma condição parcialmente suportável, apenas muito além da atual...

E então, sem aviso, algo muda e, aparentemente, no pequeno espaço entre uma frase e outra, Kafka deixa de se levar tão a sério: "e, em plena prontidão para a morte, a certa altura [eu] gostaria de me enrolar com os documentos nas mãos sobre os ladrilhos de cimento do corredor". Essa é uma imagem muito cômica e patética – os papéis do escritório em suas mãos! A descrição exata do piso do escritório! Na primeira vez que a li, caí numa gargalhada incontrolável. Isso, aliás, era o que muitas vezes acontecia quando Kafka lia seus escritos para os seus amigos. Sim, até mesmo o supostamente distópico *O processo*. Muitos leitores, ao longo das décadas, consideraram Kafka um profeta dos totalitarismos do século XX: as suas obras pareciam ressoar poderosamente com as aberrações violentas e opressivas dos sistemas burocráticos utilizados para perseguir e destruir populações inteiras, incluindo os próprios parentes judeus de Kafka. Mas Kafka morreu em 1924, enquanto Hitler ainda estava na prisão e o partido nazista ainda não tinha iniciado a sua ascensão eleitoral, e Stálin havia acabado de assumir o poder na União Soviética depois da morte de Lênin. Apesar de todas as tensões crescentes na Europa no início do século XX, Kafka não viveu num pesadelo distópico. E, apesar de sua saúde debilitada e da insatisfação com seu trabalho diário, ao que tudo indica, ele era um homem agradável e engraçado.

Na passagem do diário de novembro de 1911, Kafka se inclina à sua lamentação cômica. "Meu corpo é longo demais para a sua fraqueza", ele observa, e quer dizer *literalmente* muito longo – um pouco menos de um metro e oitenta, alto para a idade:

> Como é que o coração fraco, que amiúde me esfaqueia, supostamente empurra o sangue por toda a extensão destas pernas. Até o joelho daria trabalho suficiente, mas depois ele é lavado com uma força decrépita até as pernas frias. Mas agora ele é necessário novamente lá em cima, espera-se que ele se dissipe lá embaixo.

Kafka escreve o corpo muito bem: com tantos detalhes observados com cuidado, tanta comédia inesperada, tanta vivacidade, uma sensação de vitalidade hilariantemente antitética à fraqueza que ele descreve. Em novembro de 1911, Kafka está sob o domínio da trupe ídiche em turnê por Praga. Ele faz copiosas anotações sobre o estilo expressivo de atuação dos atores, nos quais enxerga um alegre vigor, um gosto pela vida. Em seu diário, Kafka traduz o que vê no palco em uma tragicomédia de seu próprio corpo. No título da sua influente interpretação da obra de Kafka de 1995, Sander Gilman – um proeminente estudioso de literatura alemã, de psicanálise e de história da medicina – apelidou Kafka de "o paciente judeu": a relação de Kafka com o seu próprio corpo, expressa no conjunto de seu escritos, ele argumenta, precisa ser entendida no contexto do discurso antissemita contemporâneo sobre o corpo judeu masculino como etnicamente distinto, afeminado e propenso a doenças.

Não obstante, seria reducionismo equiparar o envolvimento literário de Kafka com o corpo a sua judeidade. Aqui, é frutífero dar uma olhada em um dos poucos escritos isolados que Kafka publicou em jornais e revistas durante a sua vida, tendo-os primeiro redigido em seu diário, no qual as notas sobre acontecimentos cotidianos, encontros e reflexões são intercaladas com rascunhos literários. Nesse caso, chegamos a um parágrafo que parece pertencer a ambas as categorias simultaneamente, ou que é uma ponte perfeita entre as duas como em qualquer outro lugar da obra de Kafka. Ele compôs "Muito barulho", o pequeno texto que tenho em mente, apenas algumas semanas antes do trecho citado há pouco. É claramente autobiográfico – Valli, mencionada na metade do texto, era o nome usado na família para uma das irmãs de Kafka, Valerie – e sabemos, por muitas outras passagens dos diários, quão sensível Kafka era a ruídos, incluindo o canto do canário da família, tão incômodos que anos depois foram incluídos em sua lista de vocabulário em hebraico. No entanto, como tantas vezes se dá com ele, uma situação cotidiana é de modo gradual, e quase furtivamente, transmudada numa imagem impressionante com caráter decididamente literário e contém uma estranha transformação corporal em seu centro:

> Estou sentado no meu quarto na sede do barulho de todo o apartamento. Ouço todas as portas batendo; o barulho delas me poupa apenas dos passos de quem corre entre elas; ouço até a batida da porta do forno na cozinha. Meu pai irrompe pela porta do meu quarto e passa arrastando o roupão, as cinzas raspam no fogão do quarto ao lado, Valli grita perguntando ao indefinido do corredor se o chapéu do pai já foi limpo, um silvo que quer ser meu amigo levanta o grito de uma voz que o responde. A porta do apartamento é destrancada e faz um barulho como se saísse de uma garganta

catarral, depois continua a abrir com o canto breve de uma voz de mulher e se fecha com um puxão surdo e viril que soa o mais imprudente de todos. Meu pai se foi, agora começa o barulho mais suave, mais disperso, mais desesperançoso, liderado pelas vozes dos dois canários. Já pensei nisso antes, mas pelos canários me ocorre de novo se não deveria abrir uma fresta da porta, rastejar como uma cobra até o quarto ao lado e assim, no chão, pedir silêncio às minhas irmãs e à sua governanta.

Kafka escreveu esse texto no lugar que se tornou modelo para o apartamento da família Samsa em *A metamorfose*. Seu quarto ficava entre o quarto de suas irmãs e o de seus pais, o que significa que eles tinham de passar por seu quarto para chegar ao delas. Três portas no total levavam ao seu quarto: de fato, ele ocupava "a sede do barulho de todo o apartamento". Contudo, é como se o ruído vindo de todos esses lugares, o que normalmente perturbaria a escrita de Kafka, nesse caso tombasse de forma dramática e abrisse uma fonte de criatividade que permite a Kafka expectorar esse quadro evocativo, que ecoará em todos os escritores ou em qualquer pessoa que trabalhe a uma mesa e com frequência seja perturbada por batidas de portas, conversas intermináveis de outras pessoas, sons vindos de cozinhas, a interminável fervura de água para o chá, o barulho interminável de xícaras.

Como convém à descrição de um espaço que acabaria por inspirar a maior história de Kafka sobre a transformação do homem em animal, um elemento central de "Muito barulho" é a imagem sugerida pela última frase. O narrador imagina – não pela primeira vez – escapar por uma fresta da porta "como uma cobra" – em alemão é uma palavra só, "*schlangengleich*" – e implorar às suas irmãs que fiquem quietas. Essa é uma imagem impressionante, dotada de conotações que parecem levar a direções diferentes. Por um lado, a cobra é a personificação do silêncio: ela só pode assobiar, nunca falar, e seu movimento é silencioso. Por outro lado, a cobra é uma ameaça perigosa: pode picar ou sufocar. A fantasia do narrador com um apelo modesto por silêncio contém, então, a semente de uma silenciosa ameaça.

Lendo processos

Os três romances de Kafka também surgem de rascunhos fragmentários espalhados em seus cadernos. Já mencionei *O processo* no Capítulo 1 para entender o papel que o estudioso de Oxford Malcolm Pasley desempenhou na edição desse romance para a edição crítica alemã das obras de Kafka. Contudo, também vale a pena examinar o romance sob outra perspectiva, tomando como ponto de partida as comparações quase obrigatórias feitas entre *O processo* e o julgamento "kafkiano" dos manuscritos de Kafka em Jerusalém, refletindo mais amplamente sobre como o uso do termo "kafkiano" para descrever processos burocráticos complicados e indutores de ansiedade se relaciona ao conteúdo de fato de *O processo*.

Li o romance pela primeira vez no verão, depois do meu primeiro ano na universidade. Ler em alemão era uma habilidade que eu ainda praticava, e Kafka é recomendado com frequência como um bom ponto de partida devido à sua sintaxe límpida e ao seu vocabulário predominantemente cotidiano. É um mundo de portas, janelas, escadas, casacos, camisas, passeios a cavalo, cães, empregadas domésticas, aldeões e juízes, em vez de fachadas esculpidas, vitrais, salões, sobretudos forrados de seda, peitilhos engomados, esportes equestres, poodles, governantas, vereadores e comerciantes de cereais – o tipo de vocabulário preciso e refinado que se pode encontrar, digamos, em Thomas Mann. Aqui há as sementes do primeiro motivo do poder associativo do termo "kafkiano": o contraste entre a lucidez da linguagem de Kafka e a obscuridade das suas tramas.

Mesmo assim, ainda havia muitas palavras novas para aprender em *O processo*. Desenvolvi um sistema especial para assimilá-las: eu escutava um audiolivro do romance em alemão e acompanhava com um livro físico que continha a tradução polonesa. Logo descobri que esse não era um plano infalível, pois as duas versões não combinavam. Parecia que alguns episódios eram contados em uma ordem diferente, ou estavam totalmente ausentes de uma versão, mas presentes na outra. Era um problema com a minha tradução polonesa? Meu alemão não era bom o suficiente para acompanhar? Ou eu estava tendo algum tipo de experiência, ouso dizer, kafkiana com o romance? Não: eu estava apenas descobrindo um fato importante sobre grande parte da escrita de Kafka. Não existe uma versão definitiva dela.

Kafka redigiu *O processo* em 1914 e 1915, mas nunca o publicou – embora um pequeno trecho, que vimos no Capítulo 3, tenha sido publicado sob o título "Diante da lei". Brod, porém, pensou que esse romance inacabado era uma obra-prima que colocaria Kafka postumamente no mapa, e por isso o editou para publicação em 1925, um ano depois da morte de Kafka. Tal fato envolveu padronizar a ortografia e a pontuação de Kafka, organizar capítulos e fragmentos espalhados por vários cadernos em uma sequência coerente, remover uma série de seções inacabadas e enquadrar os escritos de Kafka como textos profundamente religiosos, fundamentalmente judaicos: como vimos no Capítulo 3, durante a vida de seu amigo, ele já os descrevia como "os documentos mais judaicos do nosso tempo". Brod foi muito criticado ao longo dos anos pelas suas intervenções editoriais, sobretudo quando os germanistas colocaram as mãos no manuscrito, décadas mais tarde, e novas edições críticas foram produzidas – um processo no qual Malcolm Pasley, de Oxford, teve um papel de liderança. Mas a avaliação do papel editorial de Brod precisa de mais nuances. O próprio Kafka ajustou a ortografia e a pontuação ao publicar outros textos durante a sua vida e teria ficado horrorizado ao pensar em ver impressos frases inacabadas e capítulos interrompidos.

Hoje, um século depois de mudanças dramáticas nas normas e gostos estéticos, alimentadas especialmente pela apreciação cada vez maior de modernistas torturados como Kafka, muitos leitores poderão se sentir muito mais confortáveis com esse tipo de escrita, elogiando-a por ir além dos limites da convenção literária – muito mais confortáveis que o *próprio* Kafka, que se desesperava com a sua incapacidade de encerrar as tramas de maneira organizada. As coisas eram diferentes em 1925. Para que Kafka, um escritor de alguma aclamação, mas de *status* incerto, poucos meses depois de sua morte prematura, se tornasse Kafka – o ícone global da modernidade literária –, Brod precisava de pessoas que o lessem; e, para isso, precisava de um *romance legível*: um livro mais longo, não apenas um conto ou uma coleção de peças curtas; um livro com começo e fim claros e um meio inteligível, e uma interpretação convincente e substancial que levasse o caráter visionário da escrita de Kafka além de qualquer suspeita. E foi isso que Brod conseguiu na época.

O processo começa com outra das famosas frases de abertura de Kafka, rivalizada apenas pela sentença de *A metamorfose*. "Alguém certamente havia caluniado Josef K., pois uma manhã ele foi detido [...]" Parte do que é tão impressionante nessa frase – para além da forte reação emocional que é provável que suscite em qualquer leitor que alguma vez se tenha sentido acusado de forma injusta ou se coloque em posição extremamente defensiva em relação a seu comportamento – é a sua estranha incompatibilidade de perspectiva. Há uma forte sensação de que o que verbalizamos aqui é a própria linha de pensamento do protagonista – bem, não fiz nada de errado, mas acabei de ser preso, então alguém deve ter dito algo falso sobre mim! Ao mesmo tempo, identificá-lo como "Josef K." dá à frase o tom sinistro de uma reportagem de jornal sobre uma prisão de alto perfil.

A questão da culpa de Josef K. nunca é resolvida no romance de uma forma ou de outra – jamais obtemos uma resposta satisfatória sobre o que Josef K. poderia ter feito ou como ele chamou a atenção das autoridades. E isso, compreensivelmente, frustrou alguns leitores e levou outros a propor uma série de interpretações. Alguns enxergaram o romance como uma metáfora gigante e extensa da culpa metafísica que todos carregamos na tradição cristã – mas não na judaica – associada ao pecado original. Outros sugeriram que Josef K. não fez nada de errado, apenas se meteu em toda aquela confusão para satisfazer algum tipo de necessidade psicológica obscura e inconsciente de ser julgado e punido. As sementes de ambas as interpretações estão já na primeira frase, mas sou favorável a outra frase da primeira página do romance, um pouco mais abaixo, e muito mais fácil de ignorar – e ainda assim uma frase que é oportuna para chegar a uma definição alternativa do "kafkiano", uma que considero mais útil e precisa em capturar a mecânica textual do mundo literário de Kafka.

É a descrição das roupas usadas por um dos desconhecidos que vieram prender Josef K. naquela manhã fatídica: "Vestia uma roupa preta justa que, como os trajes de viagem, era provida de diversas pregas, bolsos, fivelas, botões e um cinto, razão pela qual parecia particularmente prática, sem que se soubesse ao certo para o que ela servia". Isso, na verdade, é uma "Introdução a Kafka": uma descrição meticulosamente bem colocada de um objeto cujo significado não é óbvio de imediato – como afirmado, de modo explícito, numa série de subseções estrategicamente localizadas. Uma indicação gramatical de causalidade lógica: feito (a frase alemã inclui uma palavrinha inteligente, "*infolgedessen*", que se traduz para "como resultado disso"). Uma afirmação confiante de significado: feito ("particularmente prática"). Um enfraquecimento sutil dessa mesma afirmação e da causalidade lógica de mais de uma maneira: feito, feito ("parecia" em vez de simplesmente "era"; "sem que se soubesse ao certo para o que ela servia").

O mundo de Kafka está cheio de objetos desse tipo, que parecem extremamente práticos, como se alguma pessoa competente estivesse prestes a surgir e operá-los calmamente de uma forma que tornaria o seu propósito mais profundo – e não apenas o mecanismo superficial – superóbvio. No mundo de Kafka, porém, tais pessoas nunca se materializam. E é isso que "kafkiano" de fato significa para mim.

Seguindo viagem

Comecei este livro em Oxford, bem onde está guardada a maioria dos manuscritos que restaram de Kafka, o lugar em que – literal e metaforicamente – o li. Viajei então por toda a Europa, para diferentes lugares onde Kafka viveu ou visitou: Praga, Berlim, Viena, Zurique e outros. Passei algum tempo debruçada sobre a relação de Kafka com o judaísmo, a judeidade, o hebraico, o ídiche, o sionismo – e com a Palestina, sobre a qual ele fantasiou muito em vários momentos de sua vida. Movendo-me por todos esses lugares, seja fisicamente ou – como o próprio Kafka – na minha imaginação, tentei desembaraçar vários fios da identidade, da vida e da escrita de Kafka; porém, em última análise, eu queria mostrar como e por que precisamos resistir ao impulso de enxergar esses fios como elementos separados, e muito menos como elementos mutuamente exclusivos.

No próximo capítulo, iremos para além de lugares com uma conexão clara e tangível com Kafka e nos aventuraremos mais longe. Kafka não só se tornou um fenômeno global, traduzido, publicado, lido, adaptado e discutido em todos os continentes (talvez exceto na Antártida, mas, se você é ou conhece algum leitor que levou um exemplar de Kafka ao Polo Sul, me avise!), como também sua própria vida e obra precisam ser entendidas num contexto global. Ele tinha familiares, amigos e contatos de trabalho em diversos lugares do mundo e escreveu numerosos textos e fragmentos ambientados em países estrangeiros, muitas vezes usando nomes reais, mas com características imaginárias.

Eu poderia ter escolhido trazê-lo de Jerusalém à Europa Ocidental, sobretudo à França. O próprio Kafka não apenas viajou para Paris com um exemplar bem manuseado de *A educação sentimental* (1869) de Gustave Flaubert – seu romance favorito – em mãos; ali, suas obras também seriam lidas e interpretadas de maneiras dramaticamente influentes desde muito cedo, inclusive por Jean-Paul Sartre e Albert Camus, que viam Kafka como um protoexistencialista. O engenhosamente intitulado livro de John T. Hamilton *France/Kafka: An Author in Theory*, revela que uma série de outros pensadores proeminentes na França também foi profundamente afetada pela escrita de Kafka. Franz surge como o principal objeto de desejo na apaixonada relação da França com o discurso filosófico.

E o que dizer do sul da Europa, em especial a Itália? Kafka visitou vários destinos pitorescos no norte do país – na época, alguns deles ainda estavam no Império Austro-Húngaro –, incluindo o Lago de Garda, Milão e Veneza. Voltou à região várias vezes entre 1909 e 1913 e mais uma vez em 1920, primeiro com Brod, depois sozinho. Em 1909, Kafka chegou a publicar uma divertida reportagem de jornal sobre uma das primeiras apresentações aéreas que vira na Itália, com Louis Blériot – que acabara de se tornar o primeiro aviador a sobrevoar o Canal da Mancha – como atração principal, e, na plateia, o venerável decadentista Gabriele d'Annunzio. Duas décadas depois, "Il Profeta" ainda se ressentia da descrição irreverente que Kafka fez dele. A essa altura, as obras de Kafka já tinham sido traduzidas e lidas na Itália. Na verdade, um livro recente chama uma série de escritores italianos influentes do século XX, de Italo Calvino a Elena Ferrante, de "a progênie italiana de Kafka".

Eu também poderia ter escolhido a América do Norte – tanto a fantástica "Amerika" de Kafka, cenário de *O desaparecido*, quanto os

Estados Unidos da vida real, onde um judeu alemão exilado, Salman Schocken, publicou influentes edições em inglês das obras de Kafka logo depois da Segunda Guerra Mundial. As traduções para o inglês que ele utilizou datavam da década de 1930, quando Willa Muir, uma escritora escocesa, conheceu a obra de Kafka em uma viagem pela Europa Central com seu marido, Edwin. Mas foi apenas quando as traduções dos Muir foram republicadas em Nova York que se desencadeou uma onda de fascínio por Kafka no mundo de língua inglesa. Ali, elas chegaram às mãos de nomes como Vladimir Nabokov, Orson Welles, Philip Roth e Woody Allen. Nabokov, o inveterado entomologista, ficou muito preocupado com a questão de em que espécie Gregor Samsa se transforma, como podemos perceber pelos desenhos que ele deixou em seu exemplar. Welles pode ter rodado sua famosa adaptação cinematográfica de *O processo* (1962) na Europa, mas o Joseph K. de Anthony Perkins é inconfundivelmente estadunidense. Nos romances de Roth e nos filmes de Allen abundam os motivos de Kafka, muitas vezes como veículos para as frustrações sexuais de seus personagens. Em *O seio* (1972), Roth faz seu protagonista masculino se transformar em um – sim, você adivinhou – seio gigantesco.

Da América do Norte, poderíamos ter viajado para o sul. Kafka a certa altura fantasiou em se mudar para a América do Sul, mas, mesmo que nunca tenha chegado até lá, acabou entusiasticamente acolhido pelos realistas mágicos do chamado "boom" latino-americano. Jorge Luis Borges afirmou ter lido Kafka já na década de 1910 enquanto aprendia alemão na Suíça. A Biblioteca Nacional da Argentina localizou recentemente um exemplar anotado de Borges de *O desaparecido* da década de 1930. Traços mais figurativos de sua leitura de Kafka podem ser encontrados em todo o seu universo ficcional, inclusive em "A loteria em Babilônia" (1941), a história de uma instituição indecifrável – ou Companhia, com "C" maiúsculo – governando as vidas de babilônios fictícios, que acreditam que um dos lugares secretos onde se pode ter acesso à Companhia é "uma latrina sagrada chamada Qaphqa".

O que está em jogo em viagens

Em outros lugares, a experiência de ler Kafka é muito mais intensa. Numa das suas histórias, "Um relatório para uma academia", um macaco do Golfo da Guiné faz um discurso perante uma sociedade científica explicando como aprendeu a imitar – literalmente "macaquear" – os seus captores europeus para recuperar a sua liberdade. Seloua Luste Boulbina, filósofa e teórica da decolonização, baseia-se nesse e em outros textos de Kafka em seu livro *O macaco de Kafka e outros fantasmas de África*, que – com base no próprio título – chama a atenção para o fato de os escritos de Kafka nunca darem acesso à África como tal, mas sim às ideologias colonialistas europeias. Ela o considera um aliado útil para desvendar o funcionamento disso.

Da mesma forma, Mark Christian Thompson revela em Kafka uma reflexão longa sobre a negritude – e aponta quão significativo é "para um estudioso afro-americano intervir nos estudos de Kafka": "Às vezes me perguntam diretamente: por que você faz isso? Não preferiria ficar com autores afro-americanos? Sempre está implícito nisso o *lugar onde você pertence*". Para Thompson, ler Kafka é uma oportunidade de pensar sobre raça e resistir a modelos racializados de pertencimento. Outros leitores negros encontraram diferentes formas de intervir no mundo literário de Kafka. O livro de A. Igoni Barrett *Blackass* (2015) contém uma epígrafe de *A metamorfose* de Kafka e começa com a descoberta do protagonista nigeriano de que, ao acordar uma manhã, havia ficado branco – exceto por uma parte do corpo, irreverentemente indicada no título do romance.* A famosa jogada de Kafka é aqui transformada num veículo para explorar as relações raciais contemporâneas. Em *Kafka in Tangier* (2019), de Mohammed Said Hjiouij, recém-traduzido do árabe para o inglês, essa mesma jogada é explorada descaradamente como uma manobra para chamar a atenção dos leitores. O livro começa assim:

> Ele leu *A metamorfose* de Kafka antes de dormir. Quando acordou na manhã seguinte, depois de uma noite de sonhos intranquilos,

---

* O título *Blackass* poderia ser traduzido, literalmente, como "bunda negra". Logo, essa seria a parte do corpo que não teria amanhecido branca. [N.E.]

viu-se transformado em um monstro em sua cama. Não, não um inseto grande como Gregor Samsa. Mais como uma versão pútrida e distorcida de si mesmo. No entanto, sabia que o seu destino não seria diferente daquele do jovem Samsa: morreria dentro de três meses, nem mais nem menos, pouco antes do seu vigésimo sétimo aniversário.

Bom. Agora que chamei a sua atenção, vamos voltar ao início e dar um passo de cada vez.

Com essa abertura, o narrador de Hjiouij capitaliza de forma divertida a popularidade e o prestígio associados ao trabalho de Kafka em todo o mundo, usando-o como um dispositivo para garantir a atenção do leitor, o que não seria provável de outra forma.

Na realidade, pode ser mais difícil encontrar lugares em que Kafka não tenha experimentado uma série de vidas posteriores identificadas com um lugar do que aqueles onde ele viveu. Recentemente me deparei com *Mr K Released*, um romance de Matéi Visniec de 2010 que reflete sobre a transição da Romênia para a democracia usando uma imagem emprestada de *O processo*. O romance foi publicado em inglês por uma editora da Índia. Lá, Kafka foi traduzido para hindi, bengali, tâmil, malaiala, urdu e gujarati, entre outras línguas indianas, e "é frequentemente interpretado com uma cor local e adaptado para contextos atuais", explica Rosy Singh, professora de alemão em Nova Delhi, onde *O processo* foi recém-adaptado para o palco com Josef K. aparecendo como Kumar, um engenheiro de software. Outra peça, dessa vez em Pune, no oeste da Índia, colocou Kafka em conversa com Kabir Das, um poeta místico do século XV. No Sudeste Asiático, Kafka também é lido e transformado – ou "desdobrado", conforme o título do festival bienal Unfolding Kafka [Desdobrando Kafka], o primeiro dos quais aconteceu em Bangkok em 2015. Foi iniciado por Jitti Chompee, dançarina e coreógrafa. Suas performances e instalações exploraram a flexão e a duplicação do corpo humano, bem como o origami, a arte japonesa de dobrar papel, com o objetivo de traduzir os textos de Kafka para outras mídias.

Essa metamorfose incessante e teimosa contém pistas para o real valor da escrita de Kafka. Ele é o santo padroeiro da criatividade, das conexões não óbvias e inesperadas, do fascínio pela complexidade e pelos paradoxos que nunca podem ser totalmente explicados ou assimilados, mas que podem ser desdobrados e redobrados em combinações e constelações sempre novas, tanto como fonte de estímulo intelectual quanto de prazer visceral. O homem despretensioso de Praga segue viagem. Com as cigarras de origami no centro de "O silêncio dos insetos", uma instalação de luz interativa montada no festival Kafka em Bangkok por Yoko Seyama, uma artista multimídia japonesa radicada em Berlim, estendemos a geografia dos leitores de Kafka ao Leste Asiático. Existem hoje muitos leitores ávidos de Kafka naquela região, não apenas no Japão, mas também – como veremos – na China e na Coreia.

5

SEUL

O Kafka asiático

Kafka chega ao Leste Asiático

O romance japonês de Haruki Murakami *Kafka à beira-mar*, um *best-seller*, está quase eclipsando a popularidade do próprio Kafka, principalmente nas pesquisas do Google. Embora possa parecer insignificante mencionar um fato sobre um motor de busca, nesse caso a tecnologia nos permite acompanhar uma mudança no que os leitores hoje associam à marca Kafka. Elif Batuman certa vez aconselhou os leitores da revista *Time* em uma das seções "O que ler neste verão": "Eu estava tentando ler Kafka, mas descobri que Kafka não é uma boa leitura para a praia. Então, a página do Kindle teve a brilhante ideia de que eu deveria ler *Kafka à beira-mar* de Haruki Murakami. Estava tão certa! O livro não é tanto sobre Kafka, mas combinou perfeitamente com a orla". No entanto, existe muito de Kafka na escrita de Murakami, e ele é um dos vencedores do Prêmio Internacional Franz Kafka.

O protagonista de seu conto de 2013, "Samsa apaixonado", por exemplo, é um inseto que acorda e descobre que agora habita o corpo de um homem – e não de qualquer homem, mas especificamente de um Gregor Samsa. Esse humano desajeitado, acostumado à vida como um inseto, deve aprender a se mover e a se comportar de novas maneiras, e por fim se apaixona – o estado emocional mais humano. Não muito diferente de Karl Brand, o contemporâneo tuberculoso de Kafka, de Praga, que publicou uma história sobre a "retransformação" de Gregor

Samsa, Murakami imagina um final alternativo e mais esperançoso para o protagonista torturado de Kafka: um momento de conexão em vez de um isolamento eterno. *Kafka à beira-mar* sinaliza a sua relação com o famoso antecessor e com a sua marca literária. Aquele papel de carta com a gralha, usado pela loja de artigos de luxo dos Kafka em Praga, reaparece em forma espectral na capa e na folha de rosto da primeira edição japonesa do livro: uma reprodução tênue e pouco visível daquele desenho característico, mesmo assim inconfundível e em posição de destaque.

O próprio Kafka admirara outro conjunto de desenhos que mesclavam Praga e Tóquio quando Emil Orlik, um artista visual de Praga que tinha acabado de voltar de uma estadia no Japão, expôs suas gravuras de inspiração nipônica e proferiu palestras sobre a arte japonesa em Praga em 1902. Dez anos depois, Orlik viajou para a China; ao retornar, criou ilustrações litográficas para uma coleção de histórias chinesas em uma tradução alemã. A essa altura, Kafka já havia começado a ler literatura chinesa em alemão; um de seus livros favoritos era a tradução de Hans Heilmann, publicada em 1905, de uma seleção de poemas chineses que abrangia vários séculos. A questão de como caracterizar e avaliar tais encontros mediados com o que na época era comumente visto na Europa como um "Oriente" indiferenciado, muito mitificado, mas também menosprezado – "Oriente" era o nome de um cinema que Kafka frequentava em Praga –, e em particular seu impacto na imaginação literária de Kafka, tem ocupado muitos estudiosos ao longo dos anos.

Embora Kafka certamente não estivesse imune aos estereótipos orientalistas de sua época, seu envolvimento com a cultura chinesa ia além deles. Em 1912, por exemplo, ele citou um poema da Dinastia Qing de que gostava, "Na calada da noite", de Yuan Mei, numa carta a Felice Bauer:

Na noite fria, enquanto folheava meu livro,
esqueci a hora de dormir.
O cheiro da minha colcha bordada a ouro
já havia evaporado,
o fogo na lareira não queima mais.
Minha bela senhora, que até aqui controlou

>com dificuldade sua ira, arranca a lâmpada
>e pergunta: Sabe quão tarde é?

Kafka volta várias vezes a esse poema em diversas cartas ao longo de alguns meses. Anexa o comentário de Heilmann sobre o autor do poema; contrasta-o com outros poemas da antologia; discute o tema como um leitor ávido e estudioso; baseia-se em semelhanças e diferenças entre a situação e as imagens do poema e a sua própria situação e seu relacionamento com Bauer. E ainda noutra mensagem a ela, enviada durante férias agradáveis, Kafka inclui um comentário indiferente em que a China figura como pouco mais do que um local distante e inespecífico: "Imagino que, se eu fosse chinês e estivesse prestes a retornar para casa (na verdade, sou chinês e vou para casa), faria questão de voltar logo e a qualquer custo". Como salienta Rolf J. Goebel, autor de uma monografia seminal sobre Kafka e a China, "em comparação com suas leituras cuidadosas e detalhadas de poesia chinesa, a identificação casual de Kafka com um *alter ego* chinês não especificado é estranhamente ambígua, indeterminada e desinteressada".

No entanto, mesmo que o interesse de Kafka pela cultura chinesa tivesse limites, isso não parece ter limitado sua popularidade na China. Yanbing Zeng, um estudioso da Universidade Renmin, na China, observa em seu livro recente que Kafka "parece exercer mais poder na China contemporânea do que qualquer outro escritor ocidental moderno". Um exemplo é a obra de Can Xue, uma das mais aclamadas escritoras de vanguarda da atualidade na China. Aos 70 anos, seu trabalho experimental está finalmente ganhando amplo reconhecimento também na cena literária anglófona: traduções dos seus livros foram indicadas para o Man Booker Prize internacional duas vezes nos últimos cinco anos. Sua paixão por Kafka, em particular *O castelo*, é bem conhecida; uma tradução para o inglês da análise que fez dos escritos dele será publicada pela Yale University Press. Até mesmo seu pseudônimo – "Can Xue" significa neve que "sobra" ou "teimosa" – ressoa com a vasta paisagem nevada do último romance de Kafka.

Um urso-polar lê Kafka

Se Can Xue desempenhou um papel especial na criação de um espaço para Kafka na literatura chinesa contemporânea, Yoko Tawada fez algo semelhante no Japão – mas, no seu caso, a fronteira entre a literatura de língua japonesa e a alemã tem porosidades particularmente distintas. Deixe-me explicar o que quero dizer com isso apresentando uma das minhas respostas literárias favoritas a Kafka no século XXI, que também retrata uma de minhas leitoras favoritas de Kafka. Pode até ser uma personagem fictícia, mas quem poderia resistir a ela? Conheça a ursa-polar antropomórfica que emigrou da Rússia Soviética para a Alemanha Ocidental e atualmente trabalha duro para melhorar sua fluência na língua alemã a fim de escrever um *best-seller* de memórias.

Para mim, Tawada – a autora de *Memórias de um urso-polar* (2014) – é uma das escritoras mais interessantes em atuação hoje. Ela escreve algumas de suas poesias, romances, contos, peças e ensaios premiados em japonês, sua língua materna, e algumas em alemão, uma língua na qual desenvolveu fluência depois de se mudar para a Alemanha aos 22 anos; frequentemente, produz versões de sua obra nessas duas línguas e às vezes escreve textos combinando as duas. Tawada ganhou alguns dos mais prestigiosos prêmios literários no Japão e na Alemanha, incluindo o Prêmio Akutagawa e o Prêmio Kleist. Adora um bom trocadilho, aquele tipo de jogo de palavras que fica mais óbvio quando olhamos para uma língua na condição de estrangeiro, um falante não nativo. Kafka há muito desempenha um papel especial em sua escrita. Em 1998, ela deu uma série de palestras seminais em alemão, intituladas *Metamorfoses*; em 2009, identificou Kafka como o escritor de língua alemã mais importante para a sua própria obra, sobretudo *A metamorfose*; um ano depois, adaptou criativamente essa história para uma peça japonesa, *Kafka Kaikoku*.

Em *Memórias de um urso-polar*, Tawada claramente concede a seu protagonista-narrador um pouco de seu próprio fascínio, assim como de sua frustração, com a vida literária de um imigrante proveniente daquilo que em alemão recebe a designação de "origem minoritária", em geral interpretada como uma diferença étnica. Ao fazer de seu narrador-protagonista um animal antropomórfico, Tawada expõe, aumenta retoricamente e zomba sem piedade do preconceito cultural que trata pessoas como ela como categoricamente diferentes dos outros alemães: seu protagonista pertence a uma espécie completamente diferente, mas, ao mesmo tempo, pode andar, falar, ler e escrever – em mais de uma língua, na verdade –, o que provoca toda uma gama de reações nos personagens humanos, do deleite ao fascínio e ao desconforto. Essa tensão chega ao ápice no que deve ser um dos melhores fragmentos da escrita cômica na grande tradição da literatura migrante.

Permita-me situar a cena. Depois de tentar ler um livro de gramática, a ursa-polar retorna à livraria onde o comprou na esperança de encontrar mais alguns materiais de estudo:

> Na minha segunda visita, o vendedor de livros veio imediatamente até mim, deu uma tossida seca e perguntou se o livro didático de idiomas tinha sido útil. "Não entendi a gramática, mas o conto era interessante. A história da rata cantora Josefine." Minha resposta o fez rir. "A gramática é supérflua se você entendeu a história."

A história do livro é "Josefina, a cantora ou o povo dos camundongos" (1924), uma das muitas histórias de Kafka que retratam animais antropomórficos. O vendedor de livros pensa que está em terreno seguro; com certeza foi esse elenco de personagens que atraiu a ursa-polar para a história. Ele prontamente pega outro volume de Kafka, explicando:

> "Entre outras coisas, ele escreveu várias histórias do ponto de vista dos animais." Quando nossos olhos se encontraram, pareceu lhe ocorrer algo que ele achou intrigante. Apressadamente, acrescentou: "O que quero dizer é que essa literatura é valiosa como literatura, e não porque foi escrita da perspectiva de uma minoria".

Oh-oh! Ele sabe que está em apuros! O leitor, entretanto, quase consegue imaginar o sorriso irônico de Tawada. Ela sabe por experiência própria como é difícil para alguém classificado como "escritora minoritária" obter o mesmo tipo de reconhecimento que os "escritores majoritários" (que, não surpreendentemente, nunca são rotulados dessa forma) – ter sua literatura lida "como literatura" em vez de uma exposição factual sobre questões sociopolíticas enfrentadas pelo setor demográfico ao qual pertence. Kafka é um desses escritores. Como vimos nos capítulos anteriores, apesar da profunda influência que sua identidade teve em sua escrita, e apesar das muitas tentativas ao longo dos anos de ler sua obra principalmente como uma expressão da sua identidade como judeu de língua alemã em Praga, essa lente crítica não impediu uma vasta gama de outras interpretações, tornando Kafka um clássico universal.

O monólogo do vendedor de livros sobre Kafka continua: "Na realidade, o personagem principal nunca é um animal. Durante o processo pelo qual um animal é transformado em não animal ou um humano em não humano, a memória se perde, e essa perda é que é o personagem principal". Consigo imaginar esse vendedor de livros alemão olhando com expectativa para a ursa-polar na tentativa de avaliar a sua reação: ele se saiu bem, não foi? Mostrou que consegue apreciar a recompensa estética da escolha de escrever literatura a partir de uma "perspectiva minoritária"? Para ela, porém, "o discurso dele era salada demais sem prato principal". Deparei-me com essa passagem pela primeira vez quando ela foi lida em uma cerimônia de premiação de tradução. Assim que chegamos à parte da "salada demais", o público caiu na gargalhada e eu soube que precisava pôr as mãos naquele romance.

Depois de desmascarar na base do humor as pretensões do vendedor de livros como teórico literário capaz de explicar com segurança a um animal como ler histórias sobre animais, a ursa-polar prossegue: "Eu não pude retorquir, mas não queria que ele percebesse. Então, baixei os olhos e fingi estar pensando profundamente sobre o livro". Baixemos também os olhos enquanto ela pega o novo livro de histórias de Kafka: "Abri o livro como se partisse um pão camponês em dois. Minhas unhas eram muito compridas e não facilitavam folhear as páginas de um livro. Em anos passados, tentei apará-las, mas acabei derramando muito sangue. Agora eu só as deixo crescer".

Numa transição perfeita, Tawada – e a sua tradutora para o inglês, a grande Susan Bernofsky – levou-me do riso estrondoso a um momento de silêncio espantado. De repente, não estamos numa comédia, mas sim num drama que mobiliza histórias sociais de ascensão do letramento, histórias familiares de mobilidade social ascendente, nas quais os livros entram nas casas pela primeira vez tanto como objetos estranhos e difíceis de manejar quanto como portais para outras vidas. A imagem do sangue escorrendo enquanto a ursa-polar corta as unhas para pegar melhor um livro é chocante; o desafio silencioso quando decide deixá-las crescer é comovente. Essas são as regiões emocionais e socioculturais às quais a escritora germano-japonesa nos conduz em suas memórias sobre uma espécie do Ártico que se adapta à vida entre os europeus por meio da leitura de Kafka. Essa mistura leve, mas profundamente ressonante, de comédia e *pathos* é característica das obras de Kafka, sobretudo – como veremos a seguir – das suas histórias de animais.

A artista animal e sua mensagem

A história do livro didático da ursa-polar, "Josefina, a cantora ou o povo dos camundongos", não é apenas uma das muitas de Kafka sobre animais antropomórficos – é também o último texto que ele escreveu e publicou em vida e aborda diretamente questões sobre o que é arte, para que ela serve e qual é a relação entre um artista e seu público. É narrada por um camundongo anônimo em nome do povo dos camundongos, do qual um dos membros, Josefina, é cantora. Seu canto enleva outros camundongos, mesmo que eles não se importem com música, arte ou outras "coisas que são tão distantes do resto de nossas vidas", e na verdade esse "canto" é possivelmente apenas uma forma de "*Pfeifen*" – flauteio, piado, assobio ou guincho –, o som comum produzido pelos camundongos. Aqui nos deparamos com outro exemplo do "*gleitendes Paradox*" de Kafka – um paradoxo "deslizante", "escorregante" ou "patinante", um termo cunhado pelo influente germanista Gerhard Neumann para descrever a qualidade de grande parte da escrita de Kafka, sua tendência para estabelecer aparentemente fatos claros e simples – "nossa cantora se chama Josefina", diz a primeira frase da história – apenas para questioná-los, subvertê-los ou enfraquecê-los, forçando o leitor a ficar vigilante e sempre aprumado: Josefina talvez até não cante, apenas guinche.

Mas esse não é o fim, o paradoxo continua deslizando. Na realidade, para nosso narrador, parece que Josefina nem sequer consegue guinchar tão bem como os outros camundongos – a sua voz é invulgarmente fraca! Qual é então "o enigma do grande efeito que ela tem" – como é que seus compatriotas a tratam como uma artista? Bem, ela se comporta como uma verdadeira diva – mas o fator decisivo é que Josefina "é alguém que se apresenta cerimoniosamente – para fazer nada diferente do habitual". Alguns estudiosos compararam essa ideia de uma atividade cotidiana elevada ao *status* de arte performática à provocativa exibição de um urinol por Marcel Duchamp em 1917 sob o título *Fonte*. Duchamp descrevia essas peças como "objetos do cotidiano elevados à dignidade de obra de arte pelo ato de escolha do artista". Essa é uma compreensão radicalmente moderna do que é arte: não é uma classe específica de objetos ou práticas, mas sim um ato social através do qual alguém faz os outros prestarem atenção em algo – de modo crítico, sem apelo a qualquer outra ação.

Os camundongos efetivamente prestam atenção à arte cotidiana de Josefina: sentam-se "*mäuschenstill*" quando ela atua – um trocadilho que Tawada deve apreciar, uma vez que a palavra significa "quieto como um camundongo". Mas será que Josefina presta atenção a seu povo? Outro trocadilho que Kafka usa é a palavra "*pfeifen*", "assobiar" ou "cachimbo", mas a expressão "*auf etwas pfeifen*", que também é utilizada na história, significa "não dar a mínima para algo". Ambos os trocadilhos levantam a questão do relacionamento de Josefina com seu povo e vice-versa. Josefina faz suas apresentações improvisadas sempre que os camundongos sofrem contratempos em sua dura e precária existência coletiva; aparentemente, ela se vê como protetora ou mesmo salvadora de seu povo. No entanto, outra possibilidade também se apresenta: Josefina poderia estar simplesmente tentando persuadir seus compatriotas a sustentá-la, fazendo pose. Seja como for, por meio de suas apresentações, ela cria uma oportunidade para o povo dos camundongos se unir – tanto metafórica quanto literalmente, pois eles formam uma multidão densa diante dela.

Dessa forma, parece que Josefina constitui uma comunidade – mas também permite que os indivíduos se reconheçam como indivíduos. O seu canto "chega ao indivíduo quase como uma mensagem do povo" porque parece representar "a existência miserável do nosso povo no meio do tumulto de um mundo hostil"; é "livrado dos grilhões da vida diária, e também nos liberta, por um curto tempo". A história não usa a palavra, mas um ninho de ratos como esse pode ser descrito em alemão pelo substantivo inumerável "*Ungeziefer*", ou "praga" – a palavra usada em *A metamorfose* para se referir a Gregor depois de sua transformação. Essa é uma das razões pelas quais muitos estudiosos leram "Josefina" como uma parábola sobre a situação do povo judeu num mundo antissemita. A arte de Josefina parece criar indivíduos livres dignos de respeito a partir daquilo que outros buscam humilhar usando o coletivo "*Ungeziefer*", ao mesmo tempo que reivindica o valor dessa comunidade diante do preconceito. Mas é importante lembrar que a gravidade dessa possível mensagem alegórica é contrabalançada pelo humor da história, evidente, por exemplo, nos trocadilhos que acabamos de ver. A sugestão de uma mensagem séria é revestida por uma comédia suave.

Tal como tantas vezes acontece em Kafka, o texto também está repleto de qualificadores cuidadosos: o que nos é dito é apenas como as coisas "parecem" ou "aparentam" ser. Além disso, no final da história, Josefina toma a inexplicável decisão de parar de cantar. O povo dos camundongos "continua seu caminho", mas, para ela, "as coisas estão fadadas a piorar": acontece que o seu desempenho individual pode não ser tão diferente ou central para a autocompreensão do povo dos camundongos. É difícil resistir a vincular a retirada de Josefina ao silêncio e a transformação de seu canto, ou guincho, em memória da própria situação de Kafka nos últimos meses, semanas e dias de sua vida. Ele perdia sua voz literal para a rápida tuberculose progressiva na garganta, assim como a sua voz figurativa como escritor. A história de Josefina parece profundamente pessoal; em seu leito de morte, Kafka corrigiu as provas para sua publicação num livro de contos.

Ao mesmo tempo, porém, como tantas vezes acontece com sua obra e com qualquer grande literatura, a curiosa história de Kafka sobre um camundongo cantante ou só guinchador, que possivelmente mantém seu povo unido, mas que talvez não se importe, ressoa por toda parte – até mesmo em uma ursa-polar. Uma das ideias-chave de "Josefina" é a possibilidade de uma artista transmitir uma mensagem-chave por meio da grande influência que exerce sobre seu público. Mas o mecanismo pelo qual isso ocorre permanece misterioso. A história deixa em aberto várias questões cruciais: será que o público consegue saber quais são as intenções da artista, será que a artista tem realmente uma intenção clara, qual é a fonte precisa de sua influência sobre seu público, e qual é a relação entre o público e a artista e entre o público e a própria arte?

Essas questões estavam na mente de Kafka enquanto ele morria ciente de que essas histórias, prestes a serem publicadas, sobreviveriam a ele. São também as questões fundamentais de todo um ramo de pesquisa em literatura conhecido pelo nome de teoria da recepção – e deste livro que você está lendo, é claro. À medida que nos aproximamos lentamente do fim da nossa viagem em busca de Kafka, vamos investigar um último estudo de caso de um grupo específico de leitores de Kafka – talvez um que Kafka teria achado mais difícil de imaginar ou prever porque, à primeira vista, parecem compartilhar com ele apenas o mínimo: as feministas na atual Coreia do Sul.

A mensagem de Kafka chega à Coreia

Questionada em uma entrevista sobre a importância de Kafka para a sua formação literária, Yoko Tawada enfatizou quão conhecido e amplamente lido Kafka é em todo o Leste Asiático. As primeiras traduções de contos escolhidos de Kafka foram publicadas já em 1933, no Japão; em 1955, na Coreia; e em 1966, na China. Suas obras se tornaram mais disponíveis e populares na década de 1960 no Japão, na década de 1970 na Coreia e na década de 1980 na China. Acadêmicos ocidentais estudiosos de Kafka observaram que suas obras eram incomumente populares naquela região. Por exemplo, em 2000, os editores de uma extensa bibliografia internacional de literatura secundária sobre Kafka identificaram o Japão e "além de todos" a Coreia como centros da popularidade de Kafka na Ásia e se maravilharam com o número "quase inacreditável" de traduções coreanas. A popularidade de Kafka na Coreia é de fato grande, quer se considere o grande número de traduções disponíveis, quer sejam levados em conta a profundidade e a amplitude de sua influência sobre escritores coreanos, a popularidade e a variedade de adaptações teatrais ou o volume de pesquisa acadêmica sobre Kafka nas universidades coreanas.

Nos estudos de língua inglesa e alemã, porém, tais observações são relegadas a publicações altamente especializadas ou são mencionadas de passagem nos principais manuais e monografias sobre Kafka, muitas vezes notando uma ligeira surpresa ou até um espanto ingênuo. Essa relutância em cruzar fronteiras na área acadêmica mesmo que remotamente com a mesma rapidez com que a própria produção cultural cruza fronteiras sempre me irritou. Em parte, serei a primeira a admiti-lo porque eu mesma sou um produto dessa "tradução" cultural em seu sentido etimológico de ser "levado através" de uma ou duas fronteiras, e por isso me parece incongruente – ou mesmo intelectualmente desonesto – ler, escrever e pensar segundo linhas nacionais e linguísticas quando a própria biografia tem tudo a ver com atravessar essas linhas. E, nesse caso, a minha experiência pessoal reflete de forma útil uma tendência muito mais ampla: a natureza transnacional da nossa paisagem cultural.

No entanto, sinto-me atraída por temas como esse – Kafka na Coreia – principalmente porque eles me lembram por que eu desejei me tornar uma acadêmica de Letras: por causa da promessa estimulante de que alguém, em algum momento, em algum lugar, talvez tenha escrito algo tão eletrizante que aquela corrente cultural ainda pode cantarolar, cantar e ressoar insistentemente cem anos depois, do outro lado do mundo, na mesa de um tradutor, no escritório de uma editora, na banca de um vendedor de livros, na mão de um leitor, nas páginas de um novo roteiro de teatro ou filme, como os dedos de outro escritor pegando uma caneta ou batendo no teclado.

Um desses momentos estimulantes de ligação transcultural ocorreu quando a primeira tradução coreana de um texto de Kafka foi publicada por Song Suk-jae em 1955 numa revista literária. Na verdade, eram dois textos: "Diante da lei", que já vimos no Capítulo 3, e "Uma mensagem imperial". Assim como "Diante da lei", "Uma mensagem imperial" fazia parte de um rascunho mais longo que acabou sendo publicado apenas postumamente por Brod sob o título "Durante a construção da Grande Muralha da China". Kafka, contudo, já havia publicado esse pequeno trecho em uma revista e o incluído em sua coleção de 1920, *Um médico rural*. Aqui vai esse pequeno texto na íntegra:

> O imperador – assim consta – enviou a você, o só, o súdito lastimável, a minúscula sombra refugiada na mais remota distância diante do sol imperial, exatamente a você o imperador enviou do leito de morte uma mensagem. Fez o mensageiro se ajoelhar ao pé da cama e segredou-lhe a mensagem no ouvido; estava tão

empenhado nela que o mandou ainda a repetir no seu próprio ouvido. Com um aceno de cabeça confirmou a exatidão do que tinha sido dito. E perante todos os que assistem à sua morte – todas as paredes que impedem a vista foram derrubadas e nas amplas escadarias que se lançam ao alto os grandes do reino formam um círculo –, perante todos eles o imperador despachou o mensageiro. Este se pôs imediatamente em marcha; é um homem robusto, infatigável; estendendo ora um, ora o outro braço, ele abre caminho na multidão; quando encontra resistência aponta para o peito onde está o símbolo do sol; avança fácil como nenhum outro. Mas a multidão é tão grande, suas moradas não têm fim. Fosse um campo livre que se abrisse, como ele voaria! – e certamente você logo ouviria a esplêndida batida dos seus punhos na porta. Ao invés disso, porém – como são vãos os seus esforços; continua sempre forçando a passagem pelos aposentos do palácio mais interno; nunca vai ultrapassá-los; e se o conseguisse nada estaria ganho: teria de percorrer os pátios de ponta a ponta e depois dos pátios o segundo palácio que os circunda; e outra vez escadas e pátios; e novamente um palácio; e assim por diante, durante milênios; e se afinal ele se precipitasse do mais externo dos portões, mas isso não pode acontecer jamais, jamais – só então ele teria diante de si a cidade-sede, o centro do mundo, repleto da própria borra amontoada. Aqui ninguém penetra; muito menos com a mensagem de um morto. – Você no entanto está sentado junto à janela e sonha com ela quando a noite chega.*

Das muitas microficções de Kafka, essa é uma das mais conhecidas – e possivelmente a minha favorita. O cenário é a China antiga imaginária de Kafka, que, como se constata, cruza-se estranhamente com a realidade vivida por Kafka: ele escreveu essas linhas em 1917, logo depois da morte de seu próprio imperador. Francisco José I morreu em novembro de 1916, aos 86 anos, após 68 anos no trono imperial, longevo como Luís XIV e Isabel II. Foi sucedido por seu sobrinho-neto,

---

* KAFKA, F. Uma mensagem imperial. In: *Um médico rural*. Trad. e posfácio de Modesto Carone. São Paulo: Brasiliense, 1994.

mas, na realidade, os dias do império já haviam acabado: ele seria formalmente dissolvido no final da guerra, dois anos depois da morte de Francisco José I.

"Uma mensagem imperial" de Kafka é apresentado como uma lenda, conforme sinalizado pelo "assim consta" na primeira frase, mas, ao mesmo tempo, é contado na incomum segunda pessoa do singular, usando o pronome alemão "*du*" – o informal "você" –, o que o faz parecer uma comunicação secreta e íntima entre o narrador e o leitor "solitário" ou "individual". Esse, claro, é exatamente o caráter da própria mensagem do imperador. Toda a peça é moldada em torno do contraste entre a intimidade da mensagem sussurrada e a distância vasta, intransponível, completa e totalmente avassaladora, o "*fernste Ferne*", literalmente "a lonjura mais longe" ["na mais remota distância", segundo Carone], que separa "você" do imperador moribundo. "Você" é o "súdito lastimável", a "minúscula sombra" do sol do imperador.

Existe a mensagem e existe o mensageiro: "um homem robusto, infatigável"; "avança fácil como nenhum outro". Nesse ponto do texto, mesmo um leitor habituado aos intermináveis paradoxos de retenção de Kafka seria escusado por nutrir um pouco de esperança de que a mensagem ainda pudesse chegar ao destinatário pretendido. Essa esperança, porém, é frustrada quase de imediato: "mas a multidão é tão grande, suas moradas não têm fim". Na realidade, o mensageiro ainda está nos aposentos do palácio mais interno! O texto revolve agora sobre uma única frase excessivamente longa, dolorosamente prolongada e completamente desgastante, que ocupa quase um terço de todo o texto e fala dos esforços sobre-humanos do mensageiro, que, ao final, são todos em vão. Essa frase em particular lembra fortemente "Diante da lei", com a sua lista exaustiva de condicionais, todos os "mesmo que" que separam o mensageiro do "você", o destinatário – ou "o homem do campo" da "lei" da parábola anterior.

Depois de um travessão final, chega-se à conclusão: "– Você, no entanto, está sentado junto à janela e sonha com ela quando a noite chega". E é assim que, embora nunca descubramos qual é essa mensagem importante – em alemão, "*Botschaft*" (a mesma palavra é usada em referência ao canto de Josefina na história do povo dos camundongos) não é apenas uma simples "*Nachricht*", informação ou comunicação, mas antes "notícias", ou mesmo "evangelho"; no contexto dessa história, a palavra alemã implica claramente um peso metafísico –, "você", o destinatário, tem a capacidade de imaginar o que poderia ser. É esse final surpreendente, junto à voz narrativa invulgar que fala na segunda pessoa do singular, que marca um afastamento definitivo da desesperança de "Diante da lei". Essas duas características levantam a possibilidade de uma vontade própria, de um "você" independente tendo sonhos que não estão absolutamente vinculados a uma lei superior, mesmo que se desenvolvam silenciosamente à sua sombra.

É esse texto, que iniciou num espaço imaginário entre a China antiga e o próprio império em ruínas de Kafka e que tematiza a impossibilidade de comunicação apenas para transcendê-la na frase final, que inaugura sua presença na literatura coreana em 1955 – o que me parece uma metáfora adequada para o poder da tradução. A partir daí, seguiu-se uma verdadeira onda de traduções. Lee Yu-sun e Mok Seong-sook, dois germanistas da Sociedade Kafka Coreana, contaram 77 traduções de vários textos de Kafka – obras literárias, diários e cartas – que foram publicadas em 127 livros e dez revistas até 1989 e várias outras traduções depois delas, abarcando quase todos os textos já produzidos por Kafka e culminando nas obras completas baseadas na edição crítica alemã. Lee e Mok estimaram que só *O castelo* foi traduzido para o coreano mais de 37 vezes entre 1960 e 2003.

Um "escritor de escritores"

Como em muitos outros países, na Coreia, o mais popular dos livros de Kafka é há muito tempo *A metamorfose*. O termo "kafkiano" entrou na linguagem cotidiana; a recepção inicial de Kafka foi fortemente influenciada pelo existencialismo francês; e os seus escritos ofereceram uma forma inteligente de contornar a censura e oferecer ao público coreano uma "tela de projeção" para sua luta sob um sistema político repressivo e antidemocrático. De acordo com Lee e Mok, os "cenários inelutáveis em que os personagens de Kafka se encontram" poderiam servir para os leitores sul-coreanos como um "caminho de fuga para a sua falta de liberdade" durante os longos anos de ditadura militar, de 1961 a 1987.

Kafka também serviu, por muito tempo, conforme disseram Lee e Mok, como um "escritor de escritores": uma fonte recorrente de inspiração para sucessivas gerações de autores coreanos. Eles abordam todo um conjunto de romances e contos, quase sem exceção indisponíveis em tradução inglesa, inspirados em Kafka. Em *The Insect* (1989), de Kim Young-hyun, para dar um exemplo, o narrador lê *A metamorfose* de Kafka e contrasta Gregor Samsa com a sua própria vida como prisioneiro político: tratado como um inseto pelos guardas da prisão, ele rejeita o que considera a desesperança de Kafka em preservar seu próprio senso de humanidade. Em *Kafka's Marriage* (1998), a primeira incursão do germanista Kim Jung-suk pela ficção, o protagonista é um solteiro idoso obcecado por Kafka. Em *Trial* (2000), de Kim Yeon-kyung, a narradora adormece enquanto assiste à adaptação de Orson Welles do romance de Kafka e tem um sonho em que, como Josef K., um dia ela é inexplicavelmente presa. Em *At Night As I Read Kafka* (2002), de Koo Hyo-seo, um romancista perde o rumo enquanto luta contra uma infecção no ouvido interno e, como diz o título, lê Kafka a noite toda: ambos são "condições", por assim dizer, que afetam a capacidade do romancista de ouvir a sua própria voz.

Ao escreverem sobre Kafka, os autores coreanos registram frequentemente um estranho desconforto que surge dos encontros entre um clássico icônico da literatura mundial e um escritor contemporâneo cuja própria língua e cultura literária tendem a ser percebidas como provincianas e marginais. Em 1987, por exemplo, Oh Kyu-won escreveu o seguinte poema curto, citado aqui na tradução de Shyun J. Ahn [traduzido para esta edição]:

CARDÁPIO
Charles Baudelaire 800 won
Carl Sandburg 800 won
Franz Kafka 800 won
Yves Bonnefoy 1.000 won
Erica Jong 1.000 won
Gaston Bachelard 1.200 won
Ihab Hassan 1.200 won
Jeremy Rifkin 1.200 won

> Jürgen Habermas 1.200 won
> Sentado ao lado do meu aluno maluco
> que quer estudar poesia,
> bebo do café mais barato,
> Franz Kafka

Desse cardápio coreano de escritores e intelectuais estrangeiros – europeus e norte-americanos – como se fossem bebidas quentes divididas em três etiquetas de preços diferentes, Kafka é apontado como "o café mais barato", bebido por um poeta cujo discípulo é "maluco". Maluco porque, presumivelmente, ambos estão falidos e a literatura – tal como o café – é um luxo importado. O ano de 1987 viu um grande avanço para a Coreia do Sul: prestes a chamar a atenção de todo o mundo durante os Jogos Olímpicos de 1988, em Seul, anos depois de um crescimento econômico sem precedentes praticado por uma sucessão de governantes autoritários, que foi apelidado de "o milagre do rio Han", nome do rio que atravessa Seul, uma série de protestos abalou o país, levando à posse do primeiro presidente democraticamente eleito do país. Sob tais circunstâncias, o poeta parece perguntar: como alguém pode se dar ao luxo – literal e figurativamente – de escrever poesia? Tudo isso nos é comunicado, surpreendentemente, por um poema cuja forma altamente econômica, clara e compacta admite de modo jocoso a necessidade de economizar, ao mesmo tempo implicando que a expressão literária é uma necessidade: um bem básico, e não um luxo. É justo que o padroeiro desse texto seja Kafka – de todos os escritores listados no menu, o menos prolixo, o mestre da microforma, mas também aquele que proclamou que vivia para escrever, que a escrita era para ele a condição de viver.

Décadas mais tarde, no romance *The Old Woman with the Knife*, de Gu Byeong-mo, de 2013, o protagonista e narrador em primeira pessoa trabalha como assassino contratado por uma empresa que usa o extermínio de insetos como fachada. Pensando em seus alvos, ela reflete: "Você não precisa de uma interpretação kafkiana de como uma pessoa, gradualmente e durante um longo período de tempo, ou às vezes de maneira repentina à noite, se torna um verme". A referência a Kafka é deixada de lado, mas ainda assim ressoa fortemente com o tema e o enredo mais amplos do romance. O que esses dois exemplos que parecem simples, mas, na realidade, são complexos e reveladores, mostram é que o ato de escolher Kafka como intertexto – ou de se recusar a fazê-lo de maneira divertida ("você não precisa de uma interpretação kafkiana", como insiste o narrador de Gu) – vira um ato ativo, criativo e reflexivo de conexão transcultural em vez de uma instância de recepção passiva.

Embora nem os romances discutidos por Lee e Mok nem a poesia de Oh sejam bem conhecidos no mundo de língua inglesa, *The Old Woman with the Knife* foi publicado em inglês em 2022 com o endosso de escritores *best-sellers* como Paula Hawkins (*A garota no trem*) e Luke Jennings (*Codinome Villanelle*) e foi por toda parte foi objeto de resenhas, inclusive no *London Review of Books*, no *Financial Times* e no *The New York Times*. Parte do motivo de seu sucesso é o gênero: um suspense em vez de alta literatura, para não falar em poesia. No entanto, a alta literatura coreana também tem feito incursões pelo mercado de língua inglesa, e muitas vezes Kafka tem estado em cena de uma forma ou de outra.

A onda kafkiana coreana?

Vários romances coreanos contemporâneos e coletâneas de contos recém-traduzidos – sobretudo escritos por mulheres – foram apresentados aos leitores anglófonos como "kafkianos", seja por editores, seja por resenhistas ou comitês de premiação. O exemplo de maior sucesso é *A vegetariana*, de Han Kang, vencedora do Man Booker Prize internacional de 2016 ao lado da tradutora Deborah Smith. Recentemente, ela traduziu livros de Bae Suah, Cho Nam-joo, Yun Ko-eun, Pyun Hye-young, Kim Young-ha, Lee Ki-ho, Ch'oe In-ho e Jung Young-moon, entre outros, que também foram comparados às obras de Kafka ou caracterizados como "kafkianos".

Quanto mais livros desse tipo eu encontrava, mais intrigada ficava. Seria Kafka um agente secreto da "onda coreana"?, perguntei-me. Caso você ainda não tenha se deparado com esse termo, ele se refere ao "aumento do interesse internacional pela Coreia do Sul e sua cultura popular que ocorreu no final do século XX e no século XXI", de acordo com o *Oxford English Dictionary*, que em 2021 acrescentou esse termo

– junto de 25 outros – numa autoevidente "K-update", em si uma manifestação da onda coreana.

Desde a década de 1990, o governo da Coreia do Sul tem adotado incansavelmente uma agenda, nas palavras da acadêmica Jenny Wang Medina, "para redefinir a sua identidade cultural através do investimento direto nas indústrias culturais". Essa agenda foi ampliada ainda mais depois da crise financeira asiática de 1997, visando agora tornar a cultura uma pedra angular da economia nacional em um mundo globalizado. Essa "cultura", ou – em neologismo *Konglish* (coreano-inglês) cunhado pela administração estatal na década de 2000 – "*munhwa kontencheu*", "conteúdo cultural" (grifo meu), de início se referia a produtos comercializados em massa, como música pop e séries de TV. Mas o que poderíamos considerar literatura e cinema "intelectual" ou "de prestígio" também não ficou intocado por esse processo. Em 1996, o Fundo de Tradução da Literatura Coreana foi criado pelo governo. Agora conhecido como Instituto de Tradução de Literatura da Coreia, apoia financeiramente a publicação de uma quantidade impressionante de romances coreanos em inglês e em vários outros idiomas. Seu orçamento anual em 2021 passou dos ₩ 12 bilhões (R$ 44,5 milhões). Sua missão declarada é o "desenvolvimento e globalização da literatura coreana". O relatório anual de 2021 faz malabarismos com metáforas de maré, propondo "levar uma nova corrente à literatura mundial, agitando uma onda de literatura coreana" e, assim, "expandir a onda coreana impulsionada pelo K-pop e o K-drama para o reino da literatura para torná-lo mais profundo e diversificado". Essa não é apenas uma agenda governamental: muitas empresas privadas na Coreia têm agora fundações culturais que também apoiam esforços semelhantes.

Devo ter ficado desde o início muito suscetível a esses esforços orquestrados para promover a cultura coreana no exterior, para além do K-pop e do K-drama, mesmo que – ou talvez precisamente porque – a princípio eu tivesse pouca compreensão da onda que me atingiu. Em 2010, um amigo da escola me levou a uma exibição artística do thriller *Oldboy* (2003), de Park Chan-wook. Em suas cenas eletrizantes de abertura, conhecemos Oh Dae-su, um homem que está preso há quinze anos sem saber a identidade ou a motivação de seu captor. Os ecos de Josef K. de *O processo* são claros: Park lista Kafka como uma das principais fontes de inspiração para a sua arte cinematográfica. Eu não estava ciente disso na época, mas *Oldboy* foi o primeiro filme coreano a alcançar grande sucesso internacional. Venceu o Grand Prix de Cannes e se tornou um sucesso de bilheteria aclamado pela crítica em todo o mundo. Começo a acompanhar os filmes anteriores de Park, seguindo sua carreira agora internacional, e assisto a outros filmes coreanos, que cada vez mais são exibidos em meu cinema local e disponibilizados em plataformas. Também escolho *Por favor, cuide da mamãe* (2008), que foi traduzido em 2011 e se tornou o maior sucesso editorial internacional de um romance coreano até então. Sua autora, Kyung-Sook Shin, lista Kafka como o romancista que ela mais admira. Então, o supostamente "kafkiano" *A vegetariana* de Han Kang ganha o Man Booker Prize internacional: eu o leio; gosto – mais literatura coreana está se tornando disponível em tradução. Estou viciada.

Quando enfim começo a aprender coreano em 2017, um dos primeiros textos que nossa turma lê com dificuldade assim que temos gramática e vocabulário suficientes para começar a ler material autêntico, é "Chuvarada", de Hwang Sun-won, um conto de 1952 tão central para a psique nacional que possui seu próprio museu perto de Seul. O outro texto que lemos lentamente nesse ano é um discurso intitulado "O futuro do país depende da indústria de conteúdos culturais", proferido em 2014 pelo CEO de uma das grandes empresas sul-coreanas de entretenimento e meios de comunicação de massa, uma subsidiária do maior de todos os conglomerados coreanos, conhecidos como "*chaebols*", controlado pela família que também é dona da Samsung. Essa parelha de textos pode parecer aleatória, da mesma forma que um amigo meu foi convidado em uma aula intermediária de alemão a ler um texto sobre reciclagem, seguido de um sobre a resistência antinazista durante a Segunda Guerra Mundial. Mas nada é aleatório nessas seleções: intencionalmente ou não, elas comunicam o que uma determinada cultura vê como central para a sua própria autocompreensão. No caso da Coreia do Sul, é a cultura – mas também o apoio político dado a essa cultura com a esperança – não, o objetivo, ou, melhor ainda, o plano detalhado – de torná-la global.

E é o que acontece: mesmo que não seja tão fantasticamente rentável como o K-pop e o K-drama, ao longo da última década a literatura coreana – por vezes até apelidada de "K-lit", nomeadamente pelo Ministério da Cultura, Desporto e Turismo da Coreia do Sul – tem feito incursões constantes por outros países ao redor do mundo. Como explica Wang Medina, o novo cânone da literatura coreana em tradução, de sucesso internacional, surgiu de uma "colaboração do Estado, dos interesses corporativos e do *establishment* literário que outrora se opunha fortemente a eles". Em 2014, por exemplo, a Coreia foi o "foco de mercado" na Feira do Livro de Londres. Um dos dez autores coreanos promovidos no evento foi Han Kang, que naquela altura publicava em coreano havia cerca de vinte anos, mas cujo trabalho ainda não fora publicado em inglês. A tradução de Smith de *A vegetariana* foi lançada no ano seguinte, e suas vendas totais, de acordo com um relatório da Nielsen BookScan sobre livros coreanos no Reino Unido, ultrapassaram 10 mil exemplares – muito acima dos meros 88 exemplares vendidos em 2001. A subsequente atribuição do Man Booker Prize internacional para *A vegetariana* foi a primeira vez que um prêmio literário global dessa estatura foi atribuído a um livro coreano e consolidou a "onda coreana" na literatura.

Agora, voltando à minha pergunta inicial: até que ponto os livros traduzidos como parte da onda coreana e apelidados de "kafkianos" de fato têm a ver com Kafka? Em alguns, como veremos mais adiante neste capítulo, Kafka é absolutamente central. Outros não fazem quaisquer alusões explícitas a Kafka, mas, de qualquer forma, suscitam comparações com a sua obra – e o exame das razões oferece pistas valiosas tanto sobre a origem da popularidade duradoura de Kafka como sobre o funcionamento do mercado literário global.

Kafka, o feminista

Uma das maiores histórias de sucesso no setor editorial coreano da última década é um exemplo disso. O romance de Cho Nam-joo, *Kim Jiyoung, nascida em 1982* (2016), uma crônica imparcial do sexismo casual vivenciado por uma mulher coreana comum no curso de sua vida cotidiana que desemboca em um colapso nervoso, vendeu mais de 1 milhão de exemplares na Coreia do Sul. Quando a tradução para o inglês de Jamie Chang foi lançada em 2020, foi matéria de diversas resenhas, inclusive no *The New York Times*, no qual Euny Hong, uma importante jornalista e escritora coreano-americana, comparou a voz narrativa de Cho com a de Kafka em *A metamorfose* e Kim Jiyoung com Gregor Samsa. Como ele, escreve Hong, ela "se sente tão sobrecarregada pelas expectativas sociais que não há espaço para ela em seu próprio corpo; sua única opção é se tornar algo – ou alguém – diferente". Hong aprecia que um termo-chave do romance, o insulto lançado a Kim Jiyoung que precipita seu colapso, seja traduzido como "*mum-roach*" [mãe-barata] em inglês – precisamente porque a faz pensar em *A metamorfose* de Kafka.

Esse não é um exemplo isolado: Kafka continua aparecendo na literatura coreana contemporânea escrita por mulheres ou em discussões sobre ela, e, curiosamente, por vezes essas referências servem para expressar uma preocupação feminista com os papéis sociais desempenhados por mulheres na sociedade sul-coreana. Romances como *Kim Jiyoung, nascida em 1982* captam, denunciam e mobilizam contra a desigualdade de gênero, que está prejudicando as carreiras e as vidas pessoais das mulheres, e repercutem em toda a sociedade. Em 2021, relatou-se que a Coreia do Sul "tem a maior disparidade salarial entre os membros da OCDE: as mulheres coreanas recebem, em média, um terço a menos do que os seus homólogos masculinos". Em 2022, a taxa de fertilidade do país atingiu um novo mínimo histórico – é agora a única nação do mundo onde ela está abaixo de um.

As opiniões do próprio Kafka sobre os direitos das mulheres não parecem desempenhar aqui um grande papel. Ele estava, sem dúvida, vinculado a muitos estereótipos sexistas de sua época. As personagens femininas em suas obras são frequentemente apresentadas como possuidoras de uma fisicalidade e força sexual avassaladoras e animalescas. Ao mesmo tempo, ele desenvolveu amizades estreitas e intelectuais com várias mulheres, incluindo a sua irmã mais nova, Ottla, cuja educação e tentativas de uma carreira independente no campo da gestão agrícola ele incentivou e apoiou apaixonadamente. No entanto, não são as nuances das relações da vida real de Kafka com as mulheres que informam a sua posição proeminente na produção e na recepção da literatura feminista na Coreia contemporânea, mas sim as suas visões literárias surpreendentemente evocativas de alienação psicológica e de abjeção corporal que, em seus escritos, afetam protagonistas masculinos, como Gregor Samsa de *A metamorfose*, e que ainda assim – como se constata – podem ser traduzidas e adaptadas para expressar preocupações feministas com uma força surpreendente.

Yeong-hye, a protagonista do grande sucesso internacional de Han Kang, *A vegetariana*, recusa-se a cumprir as expectativas, por tradição, colocadas sobre as mulheres coreanas. Aparentemente por capricho, um dia ela para de comer carne – ou melhor, todos os produtos de origem animal; o título coreano poderia de fato ser traduzido como *A vegana*. Essa decisão desencadeia uma avalanche de outras mudanças em seu comportamento e, como consequência, na vida de toda a sua família. À medida que o romance avança, a questão central que surge é qual seria o ponto final de tal transformação. Internada em uma instituição psiquiátrica, Yeong-hye para de ingerir qualquer alimento e passa a expressar o desejo de se transformar em uma árvore. No entanto, quase não temos acesso direto aos seus pensamentos: a primeira parte do romance – de início concebida como uma série de três novelas interligadas – é narrada pelo seu marido desagradável, enquanto a segunda e a terceira adotam as perspectivas externas do cunhado e da irmã dela, respectivamente.

A vegetariana foi descrito como "kafkiano" por sua editora norte-americana, a Hogarth. Boyd Tonkin, presidente do painel de jurados do Man Booker Prize internacional, comentou que estava "pensando em Kafka" enquanto lia o romance de Han. Contudo, embora tanto para os publicitários norte-americanos de Han quanto para os juízes do Booker os termos Kafka e kafkiano constituíssem apenas um entre muitos descritores e pontos de comparação, em outros lugares eles passaram a dominar toda a apresentação do romance de Han. O resenhista do *The New York Times* começa comparando *A vegetariana* a alguns outros textos e pergunta: "Em última análise, porém, como poderíamos não voltar a Kafka?". Quando apresentado no site extremamente influente de Oprah Winfrey, o romance foi descrito por Dotun Akintoye assim: "Graças a Kafka, essa história da transformação radical de uma mulher sul-coreana, que começa depois de ela abandonar a carne, fará com que você a leia com a mão na boca, em estado de choque". Em uma proeza de síntese, o guia da Lonely Planet para Seul retrata *toda* a literatura coreana contemporânea por apenas dois romances: "*Tenho o direito de me destruir*, de Kim Young-ha (2007), que investiga a alienação na Seul contemporânea, e *A vegetariana*, de Han Kang (2015), um relato kafkiano sombrio e perturbador da fantasia de uma mulher de se transformar em árvore". Kim Young-ha é outro escritor que foi comparado com Kafka, mas que também falou muitas vezes sobre a sua admiração por este – inclusive numa TED Talk que viralizou.

Há uma linha tênue entre o nome – ou a marca – de Kafka ajudar escritores coreanos a alcançar novos públicos no exterior e impedir um envolvimento mais profundo com a literatura coreana em si. Questionada sobre a ligação com Kafka numa entrevista enfaticamente intitulada "O Kafka da Coreia?", Han explicou que, assim que a sua história começou a circular na Coreia, alguns leitores a compararam com *A metamorfose* de Kafka, e acrescentou: "É claro que li Kafka quando era adolescente, como todo mundo, e acho que Kafka se tornou parte deste mundo". Embora não uma "influência direta", Kafka foi uma das fontes que "simplesmente viveram dentro de mim", disse ela. Outras fontes que Han listou na entrevista são uma história tradicional coreana da Dinastia Joseon e Yi Sang – um modernista de referência, cujas próprias obras foram algumas vezes comparadas aos escritos de Kafka. Essas referências, contudo, se perdem para a maioria dos leitores de fora da Coreia. Para muitos desses leitores, o romance de Han tem funcionado menos como uma porta de entrada para a longa e rica tradição da literatura coreana e mais – como observou um estudioso – como um "neto" do modernismo europeu, personificado sobretudo por Kafka.

E, no entanto, também é possível contar uma história mais positiva sobre esse encontro transcultural, uma história de impulso recíproco, uma situação vantajosa para todos os livros e autores envolvidos. Em primeiro lugar, muitos escritores coreanos claramente leem as obras de Kafka, nas quais encontram inspiração. Comparações com Kafka também ajudaram *A vegetariana* a ganhar renome internacional e, conforme explica Sooyun Yum, do Instituto de Tradução de Literatura da Coreia, apesar do considerável sucesso crítico em casa, só se tornou um "*best-seller* nacional" na Coreia depois de ganhar o Man Booker Prize internacional. O sucesso de *A vegetariana* abriu então uma porta para que mais livros coreanos contemporâneos, sobretudo os escritos por mulheres e especialmente com preocupações feministas, fossem traduzidos, publicados e lidos de modo mais amplo. E parece, pelo menos de forma anedótica, que a marca Kafka pode de fato ajudar a fazer de outros livros um sucesso editorial. Há alguns anos, Takako Fujita, da Universidade de Tóquio, relatou uma "lenda de Kafka" circulando na indústria editorial japonesa: "Se quiser transformar um novo lançamento em um *best-seller*, você deve se referir a Kafka no título ou no conteúdo, e pode ser suficiente usar apenas a palavra 'Kafka'". Enquanto isso, o Merriam--Webster relatou na seção "Trend Watch" em seu site que as pesquisas por "*kafkaesque*" no dicionário on-line "aumentaram dramaticamente" no dia em que o prêmio de Han e Smith foi anunciado. Não só Kafka despertou o interesse por *A vegetariana*, mas *A vegetariana* também ajudou a aumentar o interesse por Kafka.

O romance de Han foi comparado não apenas à *A metamorfose*, mas também ao conto posterior de Kafka "Um artista da fome" (1922), no qual um homem jejua performaticamente enquanto está exposto em uma gaiola. O próprio Kafka era vegetariano – a sua típica refeição noturna, relatou ele a Felice Bauer em 1912, podia incluir iogurte, pão de centeio integral, manteiga, castanhas, tâmaras, figos, uvas, amêndoas, passas, abóbora, bananas, maçãs, peras ou laranjas. Não havia nenhum prato de carne, o preferido de seu pai. Embora nenhum personagem nas obras de Kafka seja vegetariano, graças a Han temos agora uma personagem vegetariana inesquecível que habita o mesmo universo literário de Kafka e de suas criações literárias.

Milena, Milena, em êxtase

Ao contrário de *Kim Jiyoung, nascida em 1982* e *A vegetariana*, os motivos da obra de Kafka aparecem direta e centralmente nos livros de Bae Su-Ah, que também traduziu uma seleção de obras de Kafka para o coreano em uma coletânea chamada *Dream*. Seu romance de 2003, *The Essayist's Desk* (publicado em inglês como *A Greater Music*), passa--se na Alemanha e o seu coreano pareceu para alguns leitores como se tivesse sido traduzido do alemão, o que levou a uma recepção controversa entre os literatos coreanos. Seu protagonista coreano se lembra de ter lido *O castelo* de Kafka durante um inverno interminável e solitário na Alemanha enquanto tentava aprender alemão. Ainda mais incisivamente, a novela *Milena, Milena, Ecstatic* de Bae (2016) é sobre um homem que não consegue parar de ler as cartas de Kafka para a sua amante e tradutora, Milena Jesenská – literalmente: sempre que ele pega um livro, o que acaba em sua mão é um exemplar das cartas. Aqui, a onipresença de Kafka se torna um tema por si só e recebe um toque feminista.

Assim como Han, Bae está agora na casa dos cinquenta; ambas publicaram seus primeiros trabalhos em 1993; ambas ganharam destaque internacional pelas traduções de Deborah Smith nos últimos dez anos; e, em ambos os casos, essas traduções foram financiadas por um dos dois maiores organismos financiadores que apoiam escritores e tradutores coreanos: o Instituto de Tradução de Literatura da Coreia, uma agência governamental, e a Fundação Daesan, uma instituição cultural privada criada pelo fundador da *chaebol* Kyobo Life Insurance Co., Ltda.

Ligações transnacionais estão no centro da visão de uma cultura coreana com alcance e prestígio globais apoiada por tais fundações culturais. Wang Medina cita as observações finais do discurso emblemático do Presidente Kim Young-sam de 1995 sobre os "Passos específicos para promover a globalização": "A nossa cultura e os nossos modos de pensar e de nos comportarmos também devem ser adaptados à globalização. Devemos redescobrir a riqueza intrínseca de nossa cultura tradicional e misturá-la com a cultura global. Devemos marchar ao mundo com mente aberta e ter orgulho da nossa própria cultura e respeito pela dos outros". *Milena, Milena, Ecstatic* parece encapsular essa visão, embora de uma forma bastante kafkiana. Penso que esse é o melhor lugar para começar a compreender o que Kafka pode estar fazendo pela literatura feminista contemporânea na Coreia, ou com ela.

Apenas segurar um exemplar da tradução em inglês de *Milena, Milena, Ecstatic*, publicada em 2019, me faz sentir como se estivesse sentindo o pulso da literatura mundial: o livrinho fino tem um desenho de capa geométrico bacana, com blocos de cores fortes e muita experimentação tipográfica, principalmente no título, bem como autor e nome da série, que aparecem em escrita latina e coreana. Todas as informações paratextuais gritam *hip*: a série "mostra o trabalho de alguns dos escritores mais interessantes em atividade em coreano hoje" – quase todas mulheres – e é uma "colaboração única entre um grupo internacional de profissionais criativos independentes". O projeto é apoiado pelo Centro Nacional de Escrita, afiliado à Universidade de East Anglia, conhecido por nutrir novas vozes interessantes na literatura anglófona. A tradutora Deborah Smith "mudou-se recentemente para Seul, onde pretende encomendar e colaborar na redação de projetos de tradução e decolonização e literatura como prática social e ativista". E, no centro desse empreendimento contemporâneo, moderno, *cool*, criativo, internacional e feminista: nosso velho amigo, Franz Kafka.

Milena, Milena, Ecstatic é a história de Hom Yun, um diretor coreano em ascensão, que – para sua surpresa – acaba de receber uma bolsa para fazer seu documentário independente e obscuro sobre uma mulher que procura a mãe entre sepulturas dos citas da Ásia Central. A bolsa provém de uma fundação cultural coreana gerida por uma grande empresa privada, lembrando-nos, de modo sutil, do funcionamento da "indústria de conteúdo cultural" do país. Tal como o filme de Hom Yun, a tradução para o inglês de *Milena, Milena, Ecstatic* também foi apoiada financeiramente por uma fundação cultural – nesse caso, o Instituto de Tradução de Literatura da Coreia.

No entanto, no dia em que Hom Yun deve assinar o contrato com a fundação, uma série de eventos misteriosos perturba o fluxo fortemente regulado de sua vida diária. O misterioso evento central diz respeito a um livro – apropriadamente, uma vez que "o que Hom Yun mais gosta é de ler um livro enquanto está imerso em água morna". Ele também gosta de ler em muitas outras circunstâncias e escolhe com cuidado diferentes autores e gêneros para se adequar à ocasião. Quase todos eles são clássicos ocidentais: Dante, Shakespeare, Pinter, Ionesco, Beckett, Whitman, Eliot. Nesse dia em específico, porém, "com o corpo imerso na água, ele pega o livro mais alto da pequena pilha equilibrada na beira da banheira" e descobre que não reconhece esse livro. Não sabe como ele foi parar em sua casa. O livro é *Cartas para Milena*.

Como muitos de seus contemporâneos, Kafka deixou uma copiosa correspondência: cartas para familiares, amigos, conhecidos, editores, colegas, instituições – e paixões. Ele teve relacionamentos sérios com quatro mulheres; ficou noivo de duas delas – duas vezes com uma! – e rompeu todos os noivados. Coleções consideráveis de cartas para duas dessas mulheres sobreviveram: Felice Bauer e Milena Jesenská.

Publicadas como *Cartas para Felice* e *Cartas para Milena*, elas atiçaram muito a imaginação dos leitores desde que foram publicadas pela primeira vez nas décadas de 1950 e 1960. Na verdade, esse fascínio é tão difundido que agora se tornou popular: em fevereiro de 2023, o *Daily Mail* publicou uma manchete que dizia: "Ele é meu mínimo: Franz Kafka se torna um galã improvável no TikTok". Uma gama de leitoras adolescentes tem postado vídeos curtos sobre Kafka, sobretudo suas cartas para Jesenská, que supostamente estabeleceram um padrão invejável para o flerte no século XXI.

Na realidade, há muitas passagens comoventes e íntimas nas cartas de Kafka a Bauer e Jesenská que sugerem que ele respeitava e apreciava as duas mulheres de uma forma que não era comum na época. Por exemplo, em ambos os casos, ele admirava e valorizava suas atividades profissionais. Ambas as mulheres tiveram carreiras interessantes e bem-sucedidas: Bauer era comerciante de uma empresa de ponta que produzia gramofones e máquinas de ditado conhecidas como parlógrafos, e Jesenská era jornalista e tradutora. Ela, inclusive, fez a primeira tradução de um texto de Kafka: "O foguista", que Kafka publicou como um conto independente em 1913, o primeiro capítulo do romance inacabado *O desaparecido*. A tradução de Jesenská para o tcheco foi publicada em 1920.

Outras passagens das cartas de Kafka, contudo, parecem insensíveis, egocêntricas ou possessivas. Eu sempre me sinto desconfortável ao ler essas cartas, em parte porque claramente nunca foram destinadas à publicação; lê-las, então, parece invasivo e voyeurístico em algum nível. Mas também por causa de como as edições dos livros dessas cartas enquadram as mulheres. Os títulos usam apenas o primeiro nome, o que é frequentemente reproduzido nos estudos: Kafka é sempre Kafka, enquanto Bauer e Jesenská em geral são Felice e Milena. Assim é muito fácil ignorar o fato de que, tal como o próprio Kafka, essas mulheres eram indivíduos de pleno direito, com suas próprias vidas, interesses e opiniões, incluindo suas relações com ele.

Isso é amplificado pelo fato de as respostas delas às cartas de Kafka serem quase totalmente desconhecidas. Embora Kafka não pareça ter guardado a correspondência que recebeu, exceto algumas cartas de Brod, as duas mulheres colecionaram meticulosamente as dele e garantiram sua sobrevivência. Bauer guardou quase todas as mais de quinhentas cartas que Kafka lhe enviou, levou-as consigo para os Estados Unidos, para onde emigrou com o marido na década de 1930, e só as vendeu em 1956 pela quantia relativamente modesta de US$ 8 mil à editora norte-americana de Kafka quando, na velhice, passou por dificuldades financeiras (vinte anos depois, elas seriam vendidas de novo – dessa vez para um comprador anônimo, por US$ 605 mil). Nesse meio-tempo, Jesenská confiou as cartas de Kafka ao seu amigo comum e editor literário de destaque Willy Haas, durante a ocupação nazista de Praga em 1939. Como ela mesma era escritora, muitos de seus outros escritos sobreviveram; alguns estão disponíveis em tradução para inglês ou alemão, mas nenhum gerou tanto interesse quanto *Cartas para Milena*.

A novela de Bae retrata essa fixação por Jesenská como um interesse romântico de Kafka em detrimento de Jesenská como uma mulher e escritora da vida real, atingindo proporções gigantescas. Ali, ela não é apenas "Milena", mas – como diz o título – "Milena, Milena, em êxtase". Uma variação dessa frase é também notada por Hom Yun pela primeira vez quando ele abre o livro das cartas de Kafka:

> Hom Yun examina a contracapa. Ali, alguém escreveu uma frase em alemão, a lápis. Rígido e torto, como se o escritor não estivesse familiarizado com o alfabeto alemão e tivesse simplesmente copiado as palavras, a caligrafia estava espalhada de forma desajeitada, inclinada de forma irregular e com traços individuais que não combinavam entre si.
>
> "Milena em êxtase"
>
> Não há outras marcações além daquela única frase, que de forma alguma ele próprio tinha escrito. Isso significa que esse livro não é de Hom Yun.

"*Hwangholhan*", a palavra coreana que Smith traduz como "em êxtase" por toda a novela, inclusive em seu título, também pode significar "magnífico", "esplêndido", "brilhante"; pode descrever tanto a coisa que causa o êxtase quanto a pessoa que o experimenta. O que é "*hwangholhan*" na história não é apenas Milena, mas também a energia que as cartas de Kafka para ela geram ou liberam na vida de Hom Yun, que até então era extremamente ordenada e regida por rotinas fixas, apresentadas a nós nas páginas iniciais da história.

Uma grande parte da emocionante irregularidade que envolve a vida de Hom Yun é a inesperada incursão da língua alemã em sua vida e em sua leitura. Aquele adjetivo que descreve Milena nos é transmitido no texto como o "*hwang-holhan*" coreano, mas ao mesmo tempo somos informados de que o que de fato ele, transmite é uma palavra alemã. Essa qualidade é o que a acadêmica de literatura Rebecca Walkowitz chama de "nascido traduzido": no centro do texto coreano de Bae há uma frase traduzida do alemão, mas esse original alemão não existe de fato. Dessa forma, Bae – uma das tradutoras coreanas de Kafka – escreve sobre Jesenská – a primeira tradutora de Kafka para qualquer idioma – por meio de uma tradução imaginária. Embora a língua alemã não seja reproduzida na novela, seu espectro ronda o mundo da história de Bae: é desconhecida, estrangeira, não lida – mas absolutamente fascinante.

Coreano-mongol-alemão-tcheco

Mas embora o alemão, a língua principal das cartas de Kafka a Jesenská, não apareça no texto e seja, em vez disso, traduzido ao coreano, o tcheco de Jesenská ressurge – citado de volta a ela por Kafka. Isso é notável: Bae encontra uma maneira engenhosa de transmitir a voz da tradutora anterior, apesar de suas cartas terem sido perdidas. Dois pequenos trechos das cartas de Kafka são citados em *Milena, Milena, Ecstatic*, e estão entre as passagens mais brilhantes das trezentas páginas de suas cartas a Jesenská, muitas das quais considero, francamente, insuportáveis. A primeira citação é a de uma carta escrita em Praga, em 14 de julho de 1920, uma quarta-feira, e começa com outra citação – da carta de Jesenská enviada de Viena:

> Você escreve: "*Ano máš pravdu, mám ho ráda. Ale F., i tebe mám ráda*". ["Sim, você está certo, eu realmente o amo. Mas F., eu também amo você"]. Leio essa frase com muita exatidão, cada palavra,

pausando sobretudo no "*i*" ["e"], está tudo correto, Você não seria Milena se não estivesse correto, e o que eu seria se Você não o fosse, e também é melhor que Você escreva em Viena do que se dissesse em Praga, tudo isso eu entendo perfeitamente, talvez melhor que Você e, ainda assim, por alguma fraqueza, não consigo superar a frase, é uma leitura interminável e no final escrevo aqui mais uma vez, para que Você também a veja e para que a leiamos juntos, de têmpora a têmpora (seu cabelo contra minha têmpora).

Uma carta anterior é citada mais adiante em *Milena, Milena, Ecstatic*, esta escrita em Praga no domingo, 4 de julho, a primeira que Kafka redige a Jesenská depois de se encontrarem pessoalmente pela primeira vez e passarem quatro dias em Viena (eles passarão apenas mais um dia juntos, mais tarde, naquele verão, em Gmünd, na fronteira entre a Áustria e a Tchecoslováquia, onde, como Kafka explica a Jesenská em outra carta, a estação ferroviária é tcheca, mas a cidade em si é austríaca). Hom Yun tira um livro do bolso em um café, mas, em vez da peça de Beckett que ele esperava ver, o livro é *Cartas para Milena* novamente:

Hoje Milena, Milena, Milena – não consigo escrever mais nada. Mas vou. Então hoje, Milena, só com pressa, exaustão, não estar ali (isso será verdade amanhã também)... Milena! (Falado em seu ouvido esquerdo, enquanto você está deitada na lamentável cama em um sono profundo de boa procedência e lentamente, sem saber, virando-se da direita para a esquerda em direção à minha boca).

Isso é êxtase linguístico: não uma, nem duas, mas três línguas estão em jogo – coreano, alemão e tcheco –, e, quando esse texto chega ao leitor anglófono, quatro. São passagens densamente metaficcionais sobre escrita, leitura e fala, e os respectivos órgãos – rostos, ouvidos, bocas, línguas. Isso é escrever na cama, não em uma mesa, hiperfocado em frases individuais ("*Ano máš pravdu, mám ho ráda. Ale F., i tebe mám ráda*"), palavras únicas ("*i*", "Milena"), até mesmo uma única letra, um som, aquele "*i*" que significa "e", "também", mas que constitui a vogal acentuada do nome de Milena, como Franz (ou Frank, como Milena costumava chamá-lo) observa em outra carta.

Interagir com esse êxtase linguístico parece desfazer algo em Hom Yun e suscita uma visão desconcertante: "Uma manhã, ele pode se levantar e descobrir que não reconhece mais seu rosto, como um vendedor que descobre que se metamorfoseou num inseto". A alusão à frase de abertura de *A metamorfose* de Kafka é precisa e inconfundível. E o tema da metamorfose, ou da transformação, passa a nortear a história. Quando esse dia chegar para Hom Yun, será uma verdade profunda e "tangível" pela primeira vez: "toda a transformação e o desconhecimento do mundo são verdadeiramente tão chocantes quanto a literatura insiste que são". A literatura em questão é talvez menos genérica do que a frase sugere: é *A metamorfose* de Kafka. A palavra coreana para "transformação" usada aqui é "*byeon-sin*", também o título da tradução coreana da história famosa de Kafka.

A estranha história de Hom Yun continua dando voltas. Ele encontra a secretária da fundação cultural que concedeu a sua bolsa, e ela se oferece para se tornar sua assistente de filmagem ali na hora; ela ficaria "em êxtase" em trabalhar para ele, ela diz. O exemplar de *Cartas para Milena* de Hom Yun escorrega de seu bolso e a mulher o examina atentamente, mas "ela não sabe ler em língua estrangeira" ou "quem é Milena". Na verdade, ela não tem certeza de quem ela *mesma* é. "Eu não sou Milena. E, se sou, não sei. Ninguém sabe." Nessa história de transformação, de mudança de identidades, de línguas estrangeiras e de livros perdidos, nada está claro – exceto uma coisa: a centralidade de Franz Kafka, mas apresentada aqui como um prisma através do qual podemos vislumbrar Milena Jesenská, em vez de – como é frequentemente o caso – ao contrário.

Jesenská compartilha muitas coisas com as protagonistas femininas das outras obras de Bae. Ela decidiu se casar com Ernst Pollak, um intelectual judeu; seu pai se opôs ao casamento e a internou numa instituição psiquiátrica – o diagnóstico foi "deficiência patológica de conceitos e sentimentos morais" –, mas, no final, ela vence, e se muda com Pollak de Praga para Viena. O casamento, porém, não foi feliz; também houve problemas financeiros. Ela ensinava tcheco, escrevia, traduzia, teve um caso com Kafka, usava drogas. Mais tarde, durante a Segunda Guerra Mundial, trabalhou na clandestinidade para ajudar os perseguidos pelos nazistas. Foi presa em 1939 e morreu no campo de concentração de Ravensbrück em 17 de maio de 1944.

A história de vida de Jesenská ecoa a caracterização que Bae faz das mulheres que a fascinam e que ela coloca no centro de suas tramas:

> São mulheres que recusam ou não conseguem ter um lugar próprio na sociedade tradicional. Eu amo essas mulheres. Mulheres a quem não é garantido o *status* social através do casamento ou mulheres que se recusam a casar para obtê-lo; mulheres que não se anulam por causa de seus pais ou irmãos; mulheres que, devido às suas personalidades independentes, são solitárias e em situação financeira precária. Mulheres que seguem seu caminho de acordo com a sua teimosia e que não têm medo disso. Tenho muito interesse nessas vidas.

Para Bae, um excelente exemplo são as mulheres xamãs. O xamanismo é uma religião nativa tradicional da Coreia, ainda hoje praticada – quase exclusivamente por mulheres. No entanto, seu *status* social é controverso: Bae explica que a religião e os seus praticantes foram "empurrados para a periferia da sociedade junto com a modernização do país". Entretanto, na Ásia Central, o xamanismo ainda é generalizado e os xamãs – tanto homens como mulheres – são vistos como "intelectuais e curandeiros [...] músicos e poetas", destaca Bae. É aqui que se passará o documentário experimental de Hom Yun, no qual o *alter ego* da "Milena" de Kafka, da fundação cultural, quer trabalhar como assistente.

A própria Bae viajou para Altai, na Mongólia, com um grupo de turistas europeus de língua alemã. Lá, ela conheceu Galsan Tschinag, um xamã mongol que se tornou um premiado escritor de língua alemã, tendo estudado literatura alemã na Alemanha Oriental na década de 1960. A viagem a Altai foi uma experiência formativa para Bae, cujos vestígios estão visíveis em muitos de seus livros. Mas essa experiência lhe foi canalizada pela língua e a literatura alemãs: um encontro profundamente transcultural. Isso se reflete em *Milena, Milena, Ecstatic*, uma novela que gira em torno de um núcleo transcultural coreano-mongol--alemão-tcheco, sendo Kafka e Jesenská seus guias espirituais. É como se Bae respondesse ao apelo do presidente Kim de "redescobrir a riqueza intrínseca de nossa cultura tradicional e misturá-la com a cultura global", embora talvez não da forma que ele esperava. Ao longo de sua obra, ela procura as raízes espirituais do xamanismo coreano na Mongólia e as entrelaça com os escritos de Franz Kafka, esse ícone da cultura global. Em *Milena, Milena, Ecstatic*, contudo, o cerne que sustenta tudo é Jesenská, uma mulher que se recusou a cumprir as expectativas.

Você pode pensar que agora nos afastamos muito da vida estreitamente circunscrita de Kafka na Praga do início do século XX, muito longe das letras de seus manuscritos, preenchidos com a sua caligrafia distinta e curva e armazenados com segurança em uma biblioteca de Oxford. Mas eu discordo. A imaginação e a criatividade de Kafka estavam enraizadas em seu universo da Europa Central, porém sempre se estenderam para fora, para além das normas e convenções estabelecidas, em busca da diferença e da complexidade. Kafka continua vivo porque ainda é adotado e adaptado por seus leitores ao redor do mundo, sobretudo Bae, cuja escrita nova, excitante, multilíngue e que quebra as normas está enraizada em uma leitura e uma tradução atentas das obras de Kafka; ela literalmente aprendeu alemão por meio do alemão dele e o deixou impregnar seu coreano. Celebro o fato de que, em Seul, Kafka possa se tornar um aliado feminista ou ser posto para conversar com xamás mongóis.

E agora, se me der licença, vou guardar meu notebook na sacola adornada com um Kafka que comprei em uma barraca da minha feira local de Oxford – o maior *best-seller*, garante o dono da barraca – e vou praticar meu coreano lendo *A metamorfose* mais uma vez, dessa vez em tradução coreana. Eu me pergunto como será.

CODA

KAFKA NA NUVEM

Mark Coeckelbergh, filósofo de mídia e tecnologia, começa seu novo livro *The Political Philosophy of AI* com uma seção intitulada "'Acho que o computador entendeu errado': Josef K. no século XXI". Ele cita a frase de abertura de *O processo* de Kafka e a discute brevemente antes de se voltar à recente história da vida real de um homem afro-americano que foi preso em sua casa apesar de não ter feito nada de errado. Ele acabou descobrindo que sua prisão foi "baseada em uma falha de correspondência de um algoritmo de reconhecimento facial" conhecido por produzir falsos positivos, sobretudo ao analisar rostos de pessoas negras. Coeckelbergh conclui: "Nos Estados Unidos do século XXI, Josef K. é negro e é falsamente acusado por um algoritmo, sem explicação". E Kafka, poder-se-ia acrescentar, é um crítico proeminente da inteligência artificial.

Coeckelbergh está longe de ser o único a invocar Kafka para nos alertar sobre os perigos da IA. Em *Vida 3.0: O ser humano na era da inteligência artificial* (2017), Max Tegmark resumiu as esperanças, mas também os temores dos principais pesquisadores de IA do mundo, dos quais ele é um: "Podemos criar sociedades que floresçam como nunca antes, na Terra e talvez mais além, ou um Estado de vigilância global kafkiano tão poderoso que nunca poderia ser derrubado". Dois anos depois, em um artigo intitulado "Para nos salvar de um futuro kafkiano, devemos democratizar a IA", Stephen Cave, diretor do Centro Leverhulme para o Futuro da Inteligência da Universidade de Cambridge, postulou uma "ligação direta entre os julgamentos de Josef K. e as questões éticas e políticas levantadas pela inteligência artificial" devido à origem de ambas em sistemas de burocracia incontroláveis, autossuficientes e apavorantes. E brincou: "Josef K. reconheceria de imediato a cultura de 'o computador diz não' do nosso tempo". Seu artigo conclui: "Aqueles que historicamente foram prejudicados por sistemas de poder, como Kafka – um judeu de língua alemã que vivia em Praga –, sempre estiveram especialmente bem posicionados para reconhecer a opacidade, a arbitrariedade e irresponsabilidade desses sistemas".

Contudo, é um equívoco afirmar que Kafka "foi prejudicado por sistemas de poder". Na verdade, ele pertencia a uma pequena elite burocrática. Embora fosse membro de uma minoria étnica e religiosa, mesmo depois de os nacionalistas tchecos chegarem ao poder depois do colapso do Império Habsburgo, Kafka foi autorizado a manter seu cargo de funcionário público sênior no Instituto de Seguro de Acidentes de Trabalho do Reino da Boêmia. Lá, ele fazia a mediação entre a letra da lei, os interesses da sua instituição, as empresas com suas políticas de prevenção de acidentes de trabalho e os trabalhadores individuais que eram prejudicados em tais acidentes. Kafka era *tanto* uma engrenagem na máquina burocrática *quanto* o seu objeto, o que pode nos fazer lembrar que não há uma separação nítida entre as ações dos indivíduos e o sistema em que vivem. Não estamos simplesmente sujeitos ao poder do algoritmo; somos parte de um ciclo de retroalimentação que o produz e o refina.

E Kafka também é. Em 2021, o escritor Stephen Marche relatou na *New Yorker* seus experimentos com o Sudowrite, um aplicativo que utiliza o GPT-3 – uma forma de inteligência artificial capaz de realizar tarefas intelectuais que até recentemente exigiam humanos, tais como tradução, escrita e codificação. "GPT" significa "Generative Pre-trained Transformer" ["transformador pré-treinado generativo"], um grande modelo de linguagem que foi treinado para detectar padrões em textos disponíveis na internet e, assim, aprendeu a escrever uma prosa convincente em mais de cinquenta idiomas, bem como codificar, tuitar e rimar.

Marche especula que as editoras começarão em breve a usar IA para terminar romances inacabados de autores famosos. Kafka parece ser um excelente candidato, o escritor sempre atormentado que não conseguiu terminar nenhum de seus romances e que em sua entrada de diário sobre a escrita de *O veredicto* reclamou: "A dura convicção de que, ao escrever minha novela, estou em vergonhosas planícies de escrita. Só assim que se pode escrever, só com tal coesão, com tal abertura do corpo e da alma". O que Kafka parece denunciar aqui é a falta de poder computacional absoluto para escrever um romance inteiro de uma só vez, para baixar todos os pensamentos, imagens, vagas premonições, associações, frases assustadoras em uma peça escrita sem a tarefa demorada e exaustiva de produzir as palavras uma a uma. Com sua curiosidade pelas tecnologias modernas, Kafka não teria gostado de experimentar o ChatGPT? Acho que teria, e provavelmente teria nos dado a descrição mais evocativa de seu estranho efeito.

Marche não fez o GPT-3 terminar nenhum dos romances inacabados de Kafka; ele fez outra coisa. Li com interesse como ele inseriu a abertura de *A metamorfose* no software e solicitou que oferecesse uma continuação:

> Assim que Gregor ficou sozinho, começou a se sentir mal. Virar-se era um esforço. Até respirar era um esforço. Um fino fio de sangue escorria de seu flanco e descia por sua barriga peluda. Ele queria rastejar para longe dela, mas não havia aonde ir. Ficou imóvel no local onde havia descansado, apenas para recuperar o fôlego e estancar o sangramento. "Estou muito mal", disse Gregor. Nunca antes lhe tinha ocorrido que pudesse realmente ficar doente. Havia visto animais doentes – uma pomba de vez em quando, que caía do ninho na sarjeta e não conseguia mais voar, ou os bebês fracos da mulher da casa ao lado, que precisavam ser apanhados com uma pinça e jogados na lata de lixo, ou os insetos que seu pai costumava lhe trazer quando ele ainda era menino e dos quais ele tanto gostava.

Fico bastante impressionada com essa descrição de animais doentes, não tanto porque parece algo que Kafka poderia ter escrito, mas porque parece que o GPT-3 está captando – prenunciando até – motivos-chave da história. Não se trata apenas dos insetos e de sua conexão com o pai, mas o próprio Gregor será jogado na lata de lixo no final da história, e o detalhe de ser apanhado com uma pinça acrescenta uma atraente sensação de precisão – embora os bebês fracos deem um tom de arrepiar os cabelos, mais *Macbeth* do que Kafka.

Marche também tentou inserir toda *A metamorfose* no software, sobre a qual ele produziu, como a chamou, uma "extensão":

> Quando o sr. Samsa pensou em se mudar de casa e em como todos poderiam ascender mais uma vez, não conseguiu reprimir um arrepio que percorreu a sua espinha – e esse arrepio percorreu a espinha de todos os três, ele podia ver, como se estivessem possuídos coletivamente e tremendo devido a algum tipo de febre. Era mais uma convulsão do que um arrepio. Então, eles se acalmaram, bastante exaustos. O sr. Samsa pensou: "Se continuarmos assim, em breve teremos uma faxineira em nossa família. Amanhã logo cedo farei inquirições sobre apartamentos adequados". E então ergueu os olhos: as duas mulheres olhavam para a frente e não viam que ele olhava para elas. De repente, Grete começou a rir. "Para que isso?", perguntou o pai dela. "Bem, só porque sim", respondeu Grete. E o sr. Samsa não insistiu.

Acho essa "extensão" intrigante, tanto no que ela acerta do enredo e do estilo de Kafka quanto no que erra. "Era mais uma convulsão do que um arrepio", por exemplo, é, de certa forma, um movimento clássico de Kafka – algo que parece uma coisa acaba por ser outra –, mas a distância conceitual entre um arrepio e uma convulsão talvez não seja grande o bastante. A justaposição também não tem o valor de choque das melhores justaposições de Kafka – como uma corda bamba que acaba por ser um arame. Fico intrigada com a preocupação do pai com a faxineira ("Se continuarmos assim, em breve teremos uma faxineira em nossa família"): o GPT-3 parece ter ampliado a estrutura social do mundo da história de Kafka e detectado uma relação difícil entre a família e a faxineira, que está ao mesmo tempo profundamente envolvida no segredo familiar mais íntimo, mas que necessariamente permanece fora do círculo familiar encantado devido à sua posição social inferior. Dessa forma, a "extensão" do GPT-3 traz à tona mais uma dimensão do drama de Kafka sobre as relações de poder numa família. E depois há o final: o GPT-3 identifica corretamente o riso não explicado, talvez inexplicável, como um elemento nativo da imaginação de Kafka, mas o "só porque sim" de Grete parece estranho. O tom está errado.

No entanto, o fato de o GPT-3 não ter decifrado o código do tom de Kafka não significa que este permanecerá para sempre fora do alcance da inteligência artificial – talvez nem mesmo por muito tempo. No mês de março de 2023, houve o lançamento do GPT-4, que é maior – ou seja, treinado com uma rede neural maior – e mais capaz do que seus antecessores. Ele consegue, por exemplo, passar no exame da ordem de advogados com uma pontuação entre os 10% melhores, em oposição à pontuação do GPT-3, entre os 10% piores. E gera textos melhores, até porque consegue explicar corretamente as idiossincrasias do inglês que confundiam as versões anteriores do software.

A ascensão de grandes modelos linguísticos e da inteligência artificial generativa coloca em primeiro plano a questão da função e do valor da literatura. Gostaríamos de ler o que o ChatGPT escreve da mesma forma que queremos ler o que Kafka escreveu? A resposta de Stephen Marche em seu artigo na *New Yorker* tende para o negativo: segundo ele, *A metamorfose* de Kafka "não precisa de extensão. É perfeita. Sobreviveu porque o significado central de sua história continua a ecoar. Gregor está sujeito a um milagre que é ao mesmo tempo uma revelação e uma catástrofe. A entidade humana muda mais uma vez, de uma forma que é ao mesmo tempo mágica e degradante".

Embora eu partilhe de seu fascínio pela história de Kafka, não concordo plenamente com a avaliação de Marche. Rastreando leitores de Kafka ao longo das décadas em todo o mundo, repetidamente vi que o desejo de "estender" suas histórias para novos tempos, lugares e contextos, no estilo *fan fiction*, desempenha um papel central na atração que ele exerce sobre os leitores. A extensão do GPT-3 de *A metamorfose* tem seu precursor em "Retransformação de Gregor Samsa" de Karl Brand, escrito em Praga logo depois da publicação da história de Kafka. Não é nem a primeira extensão impressa na *New Yorker*. A história japonesa de Haruki Murakami, "Samsa apaixonado", foi publicada na mesma revista cerca de dez anos antes.

A IA também não é a primeira tecnologia moderna associada a Kafka. Algo que não experimentei em Praga, mas que poderia ter vivido se tivesse viajado para lá apenas alguns anos antes, foi o intrigante título "VRwandlung", no Goethe-Institut local, uma instituição cultural alemã com escritórios por todo o mundo, criada para promover o estudo da língua e da cultura alemãs. O nome brinca com o título alemão *Verwandlung*, e essa experiência de realidade virtual promete transformar seu visitante em Gregor Samsa acordando em seu quarto meticulosamente reproduzido, embora apenas por quatro minutos. Seus criadores relatam com orgulho que é o primeiro design de VR a recriar a experiência de andar sobre nada menos que seis patas e, assim, tornar Kafka um inovador em realidade virtual.

Os criadores da "VRwandlung" chegam ao ponto de identificar Kafka como "o pai espiritual da realidade virtual". Talvez não seja tão inesperado assim: os críticos há muito se fascinam pela atitude de Kafka em relação às tecnologias modernas de sua época, bem como àquelas ainda a serem desenvolvidas. "Como cineasta entusiasta e observador de imagens estereoscópicas, ele imaginou que um dia uma imagem bidimensional se fundiria com efeitos espaciais e criaria uma realidade nova e completamente ilusória", explica Reiner Stach, biógrafo de Kafka, cuja visita virtual acompanha os visitantes.

O trabalho moderno da noiva de Kafka, Felice Bauer, era o de comerciante de parlógrafos – dispositivos que podem gravar e reproduzir o som mecanicamente – fabricados pela Carl Lindström AG de Berlim. Em uma carta sobre o trabalho dela, Kafka refletiu sobre o que viria a ser conhecido como secretária eletrônica:

> Invente uma combinação de telefone e parlógrafo. De fato, não deve ser muito difícil. Depois de amanhã, é claro, você me dirá que isso já foi feito e com sucesso. Mas realmente seria de imensa importância para a imprensa, agências de notícias etc. Mais difícil, mas certamente possível, seria uma combinação de gramofone e telefone. Mais difícil simplesmente porque não se consegue entender uma palavra que o gramofone diz, e um parlógrafo não consegue pedir uma pronúncia mais clara. Uma combinação de gramofone e telefone não teria uma importância universal tão grande; seria apenas um alívio para pessoas que, como eu, têm medo do telefone. Pessoas como eu, porém, têm igualmente medo do gramofone, então para elas não será de ajuda alguma. A propósito, aqui vai uma ideia bastante agradável: um parlógrafo vai ao telefone em Berlim, enquanto um gramofone faz o mesmo em Praga, e os dois

conversam um pouco. Mas, querida, a combinação do parlógrafo e do telefone simplesmente precisa ser inventada.

Esse, para mim, é o Kafka em seu auge: engraçado e autodepreciativo, exibe uma combinação atraente de interesse morno nas aplicações práticas da tecnologia moderna e um fascínio ilimitado por cenários completamente absurdos, mas tecnicamente possíveis, como duas máquinas partilhando uma conversa afável pelos fios que vão de sua Praga até a Berlim de Bauer.

Por mais que eu estremeça ao ler os materiais promocionais de "VRwandlung" on-line – não seria apenas um artifício vazio? –, devo admitir que Kafka provavelmente teria achado a ideia fascinante. De Praga, a "VRwandlung" viajou para outras cinquenta cidades, incluindo cidades em vários países asiáticos: Índia, Paquistão, Bangladesh, Sri Lanka e Taiwan. Foi visitada – ou experimentada? – por todos, desde estudantes tchecos até o ator de Hollywood Orlando Bloom, orgulhosamente retratado no site do Goethe-Institut. Para muitos visitantes, foi a primeira experiência com qualquer tipo de *headset* VR. É curioso que, para todos eles, essa nova tecnologia – que só ganharia mais popularidade nos anos seguintes – esteja para sempre associada à obra-prima literária de Kafka.

Como entender esse fascínio duradouro de Kafka pelas empresas de tecnologia? Apache Kafka – muitas vezes referida apenas como Kafka – é um tipo de rede de computadores para armazenamento de dados criada pelo LinkedIn em 2011. Questionado sobre o nome do software, seu criador, Jay Kreps, explicou: "Achei que, como o Kafka era um sistema otimizado de escrita, faria sentido usar o nome do escritor. Tive muitas aulas de literatura na faculdade e gostei de Franz Kafka. Além disso, o nome parecia legal para um projeto de código aberto". Não muito diferente das empresas do Leste Asiático que usam o nome Kafka porque soa agradável – curto, distinto, cativante –, Kreps sentiu-se atraído pelo "som legal" do nome.

Mas acho que há mais em jogo aqui. Berthold Franke, da associação cultural alemã que financiou o "VRwandlung", explica que o projeto é "uma coincidência perfeita entre tecnologia e texto. Você é transformado pelo fone de ouvido e depois é transformado novamente na história". *A metamorfose* é uma obra que se adapta extremamente bem aos parâmetros da tecnologia, aponta uma reportagem sobre o espetáculo de Praga na *Economist*: a história se desenrola em um espaço pequeno e seu protagonista se envolve apenas em interações mínimas com outras pessoas. De forma mais ampla, com suas transformações transumanas, ambientes claustrofóbicos e objetos altamente especializados cujo propósito mais profundo permanece indefinido, os textos mais famosos de Kafka, como *A metamorfose* e *O processo*, falam claramente de nossos encontros com o mundo moderno da tecnologia, sobretudo quando ela parece estranha: excitante e ameaçadora ao mesmo tempo.

É também por isso que, depois de anos investigando as vidas culturais póstumas de Kafka em todo o mundo, pareço sentir muito menos exasperação do que a maioria dos meus colegas com a onipresença do termo "kafkiano", que, preocupam-nos, esvaziou a palavra de qualquer significado. Mas não é assim que vejo as coisas. Para mim, a onipresença desse termo mostra que a literatura é importante para nós, que estrutura o nosso pensamento, que nos ajuda a navegar pelo que é novo. Analisar seus usos, por vezes baseados em pressupostos falsos – como a afirmação de que Kafka teria ficado particularmente alerta aos perigos da IA porque ele próprio "foi prejudicado pelos sistemas de poder" –, é uma oportunidade para treinarmos pensar melhor, com mais nuances e precisão.

Kafka, o software; Kafka, o inventor da realidade virtual; Kafka, o crítico da inteligência artificial: ao contrário de muitos de meus outros clássicos favoritos do modernismo europeu que acumulam poeira nas bibliotecas universitárias, o homem de Praga parece ter se adaptado notavelmente bem à era da nuvem. No entanto, um tipo diferente de busca por Kafka no século XXI também continua em ritmo acelerado – por meios analógicos.

Em 1971, Kathi Diamant era estudante na Universidade da Geórgia. Numa aula de literatura alemã, o professor perguntou se ela era parente de Dora Diamant, última parceira de Kafka. Ela prometeu descobrir – e, mesmo que a resposta tivesse sido não, seu fascínio pelo casal não diminuiu. A biografia de Dora Diamant escrita por Kathi Diamant foi publicada em 2003 com base nos resultados do Projeto Kafka, que ela fundou alguns anos antes como uma "investigação internacional independente" com o objetivo de "resolver o mistério literário" dos manuscritos perdidos de Kafka. Os escritos perdidos incluem, estima Kathi Diamant, 35 cartas e até mesmo vinte cadernos escritos durante os últimos meses da vida de Kafka, que ele deixou para Dora Diamant, e que foram confiscados de seu apartamento em Berlim pela Gestapo em 1933.

Quase trinta anos desde a sua fundação, o projeto continua forte. Ler seus relatórios é emocionante. No início dos anos 2000, três cartas escritas por Kafka foram encontradas em mãos de particulares na Califórnia, onde Kathi Diamant vive – assim como, num kibutz israelita, o que parece ter sido a escova de cabelo de Kafka, levada para lá por Dora Diamant em 1950. Então, em 2008, a equipe cravou: "Descobrimos que, se os escritos perdidos de Kafka ainda existirem, estão enterrados em segurança entre documentos ultrassecretos em arquivos fechados da Polônia" – ali depositados pelo Exército Alemão na década de 1940. A busca, porém, foi difícil e os papéis não foram encontrados. Eu me animei. Uma doce visão se desenrola em minha mente: uma nativa de Cracóvia, onde Dora Diamant viveu quando adolescente, agora uma especialista de Oxford em Kafka, fluente em inglês, alemão e polonês, familiarizada com as regras tácitas a serem seguidas para lidar com os burocratas da minha terra natal, abro as portas do arquivo, pego uma caixa de papelão bolorenta e retiro triunfalmente um caderno em ruínas preenchido com a caligrafia inconfundível de Kafka. Minha busca por Kafka fecha o círculo: talvez eu até consiga trazer os manuscritos há muito perdidos para Oxford, criando uma versão do século XXI do feito de Malcolm Pasley na década de 1960. Tenho uma *coda* matadora para meu livro.

Mas isso, leitor, não acontece – por muitas razões, porém mais porque o Projeto Kafka descobriu em 2012 que os documentos relevantes confiscados pela Gestapo tinham sido de fato transferidos para Moscou, e depois, em 2013, descobriu que haviam sido devolvidos à Berlim Oriental durante a Guerra Fria. Eles permanecem hoje nos Arquivos Federais Alemães, ainda não catalogados. De acordo com a atualização mais recente no site do Projeto Kafka, no início de 2023 Kathi Diamant viajou a Berlim para se encontrar com o estudioso e editor de Kafka Hans-Gerd Koch, que continua a fazer petições aos Arquivos Federais Alemães para financiar a catalogação dos documentos confiscados pela Gestapo.

Será que os últimos escritos perdidos de Kafka poderiam de fato estar lá? A busca continua.

NOTAS

Prólogo
Brod escreveu sobre o "encanto mágico" das palavras de Kafka em sua biografia. Veja Max Brod, *Über Franz Kafka* (Frankfurt am Main: S. Fischer, 1993), tradução minha. As cartas de Kafka são citadas de Franz Kafka, *Letters to Friends, Family, and Editors*, trad. Richard e Clara Winston (Nova York: Schocken, 1977). Os diários de Kafka são citados de Franz Kafka, *Diaries*, trad. Ross Benjamin (Nova York: Schocken, 2022).

1. Oxford
Fiona McLees publicou dois artigos sobre seu trabalho com os manuscritos de Kafka, um dirigido a outros conservadores e outro ao público em geral: "From Author's Draft to Select Library Holding: The Metamorphosis of Franz Kafka's Manuscripts", em *Works of Art on Parchment and Paper: Interdisciplinary Approaches*, ed. Nataša Golob e Jedert Vodopivec Tomažič (Ljubljana, 2019), pp. 181-190, e "Kafka's Trail", *Literary Review*, 490 (2020), p. 64. Em sua fala, McLees citou Philip Larkin, "A Neglected Responsibility: Contemporary Literary Manuscripts", *Encounter*, julho de 1979, pp. 33-41, e Andrew Motion, "Such Attics Cleared of Me: Saving Writers' Manuscripts for the Nation", *Times Literary Supplement*, 6 de outubro de 2006, pp. 14-15.
Os dois artigos de Malcolm Pasley citados neste capítulo são "Kafka's *Der Process*: What the Manuscript Can Tell Us", *Oxford German Studies*, 18 (1989), 109-18, e "Franz Kafka MSS: Description and Select Inedita", *Modern Language Review*, 57 (1962), pp. 53-9. A edição de *O processo* que apresenta cada capítulo em um livreto separado é Franz Kafka, *Der Prozess*, ed. Roland Reuß e Peter Staengle (Basileia: Stroemfeld, 1997). Outras citações dos manuscritos de Kafka neste capítulo vêm de Reiner Stach, *Kafka: The Years of Insight*, trad. Shelley Frisch (Princeton: Princeton University Press, 2015), e Osman Durrani, "Editions, Translations, Adaptations", em *The Cambridge Companion to Kafka*, ed. Julian Preece (Cambridge: Cambridge University Press, 2002), pp. 206-25. Cito também Ulrich Greiner, "Kafkas Halbbruder", *Die Zeit*, 41 (1992), e dois obituários de Pasley por T. J. Reed, "John Malcolm Sabine Pasley, 1926–2004", *Proceedings of the British Academy*, 150 (2007), pp. 149-57, e por Kevin Hilliard, *Daily Telegraph*, 25 de março de 2004. A história da jornada dos manuscritos de Kafka para Oxford também foi recentemente contada por Carolin Duttlinger em "Kafka in Oxford", *Oxford German Studies*, 50.4 (2021), pp. 416-27. O preço do manuscrito de *O processo* foi matéria no *The New York Times* em 17 de novembro de 1988: Terry Trucco, "A Kafka Manuscript Is Sold for $1,98 Million".

Consultei a seguinte edição alemã de *A metamorfose*: Franz Kafka, *Ein Landarzt und andere Drucke zu Lebzeiten* (Frankfurt am Main: S. Fischer, 2008). Também usei as seguintes traduções da história para o inglês: Franz Kafka, *The Metamorphosis and Other Stories*, trad. Joyce Crick (Oxford: Oxford University Press, 2009); Franz Kafka, *Metamorphosis and Other Stories*, trad. Michael Hofmann (London: Penguin, 2015); e Franz Kafka, *The Metamorphosis*, trad. Susan Bernofsky (Nova York: WW Norton, 2014).

Citei as seguintes análises e discussões de várias adaptações de *A metamorfose* em 2020: o podcast de Seán Williams "Kafka in Quarantine" (www.acflondon.org/events/kafka-quarantine--exploratory-podcast); resenhas da adaptação da Vanishing Point no *Guardian* (www.theguardian.com/stage/2020/mar/16/the-metamorphosis-review-tron-theatre-glasgow), no *Herald* (www.heraldscotland.com/arts_ents/18306444.theatre-review-metamorphosis-tron-theatre-glasgow) e no *Stage* (www.thestage.co.uk/reviews/the-metamorphosis-review-at-tron-theatre-glasgow-horrifyingly-timely-adaptation); uma resenha da adaptação de Lokstoff! em SWR2 (https://www.swr.de/swr2/buehne/bildergalerie-vorher-nachher-lokstoff-auto-theater-stuttgart-100.html); e um relato da adaptação de Hijinx (www.bbc.co.uk/news/av/uk-wales-53870461).

Também citei os seguintes relatos de (re)leitura de *A metamorfose* em 2020: artigos no *Opiate* (www.theopiatemagazine.com/2020/04/26/we-are-all-gregor-samsa-now), *The Missouri Review* (www.missourireview.com/from-kafkas-window-an-ensay-of-the-covid-19-pandemic-by-jeffrey--condran) e *Medical Humanities* (blogs.bmj.com/medical-humanities/2020/06/23/a-kafkaesque--pandemic). O estudo dos sonhos durante a pandemia foi relatado na entrevista concedida por Deirdre Barrett a Colleen Walsh na *Harvard Gazette* (news.harvard.edu/gazette/story/2020/05/harvard-researcher-says-dreams-indicative-of-virus-fears). Johannes Türk escreve sobre a história da tuberculose e das outras doenças pulmonares de Kafka em "Health and Illness" em *Kafka in Context*, ed. Carolin Duttlinger (Cambridge: Cambridge University Press, 2017), pp. 44-53. A entrada do diário de Kafka é citada de Franz Kafka, *The Diaries of Franz Kafka*, trad. Ross Benjamin (Nova York: Schocken, 2022). Uma tradução levemente adaptada da carta a Oskar Baum é citada de *Franz Kafka, Letters to Friends, Family, and Editors*, trad. Richard e Clara Winston (Nova York: Schocken, 1977). Também consultei o original alemão de Franz Kafka, *Briefe 1918-1920*, ed. Hans-Gerd Koch (Frankfurt am Main: S. Fisher, 2013).

Ian McEwan, *The Cockroach* (Londres: Jonathan Cape, 2019) é a releitura de *A metamorfose* com o tema do Brexit. Também citei suas várias resenhas no *Guardian* (www.theguardian.com/books/2019/sep/12/ian-mcewan-announces-surprise-brexit-satire-the--cockroach e www.theguardian.com/books/2019/out/07/the-cockroach-ian-mcewan-review), *Evening Standard* (www.standard.co.uk/culture/books/the-cockroach-by-ian-mcewan-review-a4247016.html), *Deutschlandfunk* (www.deutschlandfunk.de/polit-satire-von-ian-mcewan-eine-kakerlake-macht-brexit.700.de.html?dram:article_id=465796), *Pop Matters* (www.popmatters.com/ian-mcewan-the-cockroach-2642978358.html), *New Statesman* (www.newstatesman.com/%E2%80%8Bian-mcewan-the-cockroach-brexit-kafka-metamorphosis-review). A capa do romance sobre o Brexit imaginário pode ser vista aqui: twitter.com/thj1961/status/1111539255866806272.

O *Daily Mail* deu uma definição peculiar do termo "kafkiano" aqui: www.dailymail.co.uk/news/article-11130447/Allies-Boris-draw-dossier-legal-advice-case-against-Sonda Harriet-Harmans.

2. Berlim

Citei a tradução para o inglês de Kurt Beals da carta de Siegfried Wolff da obra de Reiner Stach, *Is That Kafka? 99 Finds* (Nova York: New Directions, 2016), p. 235. O tuíte de Dawkins e as respostas a ele podem ser vistos aqui: twitter.com/richarddawkins/

status/1401239365678997506?lang=en. Rita Felski escreve sobre literatura e sentimentos em seu *Uses of Literature* (Oxford: Blackwell, 2008).

O exame mais extenso das habilidades linguísticas de Kafka, especialmente em tcheco, pode ser encontrado em *Franz Kafkas Sprachen* de Marek Nekula (Tübingen: Max Niemeyer, 2003). Algumas partes desse livro foram traduzidas para o inglês por Robert Russell e Carly McLaughlin e incluídas em *Franz Kafka and His Prague Contexts*, de M. Nekula (Praga: Karolinum, 2016). Para um relato bom do multilinguismo na Europa e além, veja os livros de Gaston Dorren Lingo (Londres: Perfil, 2014) e Babel (Londres: Perfil, 2018). Para o experimento mental de Peter Zusi, consulte seu livro *Silent Storytellers: Kafka, Prague, Modernism* (no prelo).

Tirei os detalhes do desenho e da instalação da escultura de David Černý do infográfico disponível em www.quadrio.cz/en/franz-kafka-statue.

Resenhas contemporâneas das obras de Kafka foram tiradas de *Franz Kafka. Kritik und Rezeption zu seinen Lebzeiten, 1912-1924* (Frankfurt am Main: S. Fischer, 1979). As citações fornecidas são minha tradução. Citações em inglês das cartas de Kafka para Felice Bauer foram retiradas de *Franz Kafka, Letters to Felice*, trad. James Stern e Elisabeth Duckworth (Nova York: Schocken, 1973). Também consultei o original alemão: *Briefe an Felice Bauer* (Frankfurt am Main: S. Fischer, 2015). "Desejo de se tornar índio" é citado na tradução de Joyce Crick de Franz Kafka, *The Metamorphosis and Other Stories* (Oxford: Oxford University Press, 2009). Um exemplo de *Os aforismos de Zürau* é citado na tradução de Willa e Edwin Muir de *The Great Wall of China: Stories and Reflections* (Nova York: Schocken, 1970). A formação de Kasimir Edschmid é discutida em sua biografia de Hermann Schlösser, *Kasimir Edschmid. Expressionist, Reisender, Romancier. Eine Werkbiographie* (Bielefeld: Aisthesis, 2007). O livro de Kristin Kopp mencionado neste capítulo é *Germany's Wild East: Constructing Poland as Colonial Space* (Ann Arbor: University of Michigan Press, 2012).

Os diários de viagem de Kafka estão disponíveis em alemão em *Franz Kafka, Reisetagebücher* (Frankfurt am Main: S. Fischer, 2008). Max Brod e Franz Kafka, *Eine Freundschaft. Reiseaufzeichnungen* (Frankfurt am Main: S. Fischer, 1987), inclui notas das viagens conjuntas de Kafka e Brod. As traduções para o inglês são citadas de Franz Kafka, *The Diaries of Franz Kafka*, trad. Ross Benjamin (Nova York: Schocken, 2022). A carta de Kafka a Oskar Baum é citada de *Franz Kafka, Letters to Friends, Family, and Editors*, trad. Richard e Clara Winston (Nova York: Schocken, 1977).

Mais detalhes sobre o que Kafka leu podem ser encontrados em Ritchie Robertson, "Kafka's Reading", em *Franz Kafka in Context*, ed. Carolin Duttlinger (Cambridge: Cambridge University Press, 2018), pp. 82-90.

A extensa reconstrução da época de Kafka em Zurique pode ser encontrada em *Mit Kafka in den Süden* de Hartmut Binder (Praga: Vitalis, 2007). *Kafkas Wien* (Mitterfels: Vitalis, 2013), de Binder, narra a história das visitas pouco frequentes de Kafka a Viena e outros contatos com a cidade e seu povo. *Kafka in Berlim* de Hans-Gerd Koch (Berlim: Klaus Wagenbach, 2008) é um excelente guia a seguir os passos de Kafka em Berlim.

As lembranças de Dora Diamant sobre a história da boneca de Kafka estão impressas em *"Als Kafka mir entgegenkam". Erinnerungen an Franz Kafka*, ed. Hans-Gerd Koch (Berlim: Klaus Wagenbach, 2005). Eu o cito em minha tradução. O livro de Marthe Robert é *Seul, comme Franz Kafka* (Paris: Calmann-Levy, 1979). O livro de Klaus Wagenbach é (na tradução de Arthur S. Wensinger) *Franz Kafka: Pictures of a Life* (New York: Pantheon, 1984). Anthony Rudolf escreveu e ilustrou uma versão da história da boneca, *Kafka's Doll* (Londres: EMH Arts/Eagle Gallery, 2007). Larissa Theule escreveu outra, ilustrada por Rebecca Green: *Kafka and the Doll* (London: Viking, 2021). Dois artigos, em holandês e em alemão, dão uma visão geral de várias versões literárias do livro das bonecas: Niels Bokhove, "Kafka's poppebrieven zijn geen verzinsel" (kafka-kring.nl/artikelen/kafkas-poppebrieven), e Magali Nieradka-Steiner, "Von Briefen, die es nicht (mehr) gibt: Franz Kafka und die Puppe" (dspace.ub.uni-siegen.de/bitstream/ubsi/2085/1/ Nieradka-Steiner_Briefe_Dedo4.pdf). O ensaio de César Aira, "La muñeca viajera", foi publicado no *El País* em 7 de maio de 2004. O ensaio de Mark Harman sobre a busca pelos manuscritos perdidos é "Missing Persons: Two Little Riddles about Kafka and Berlin", *New England Review*, 25 (2004). A história da fotografia da casa de Kafka em Berlim é contada no artigo de Sarah Mondegrin, "Kafka in Berlim: Das vergessene Haus", publicado em *Der Tagesspiegel* em 2 de dezembro de 2012.

3. Praga

Consultei dois guias da Praga de Kafka: Klaus Wagenbach, *Kafkas Prag. Ein Reiselesebuch* (Berlim: Klaus Wagenbach, 2015), e Harald Salfellner, *Franz Kafka und Prag* (Praga: Vitalis, 2003). Ambos também estão disponíveis em tradução para o inglês. A carta a Oskar Pollak sobre Praga é citada de *Franz Kafka, Letters to Friends, Family, and Editors*, trad. Richard e Clara Winston (Nova York: Schocken, 1977). As entradas do diário de Kafka são citadas de *Franz Kafka, The Diaries of Franz Kafka*, trad. Ross Benjamin (Nova York: Schocken, 2022). A tradução da história de Hrabal sobre o sr. Kafka é de Bohumil Hrabal, *Mr. Kafka and Other Tales*, trad. Paul Wilson (Londres: Vintage, 2016). Também consultei uma tradução anterior: Bohumil Hrabal, "The Kafkorium", trad. W. L. Solberg, em *New Writing of East Europe*, ed. George Gömöri e Charles Newman (Chicago: Quadrangle Books, 1968), pp. 179-189. Tirei as informações sobre o Mundo de Franz Kafka de seu site: www.franzkafkaworld.com/en.

Uma tradução para o inglês da história de Karl Brand está no apêndice de *Franz Kafka, The Metamorphosis as well as The Retransformation of Gregor Samsa*, trad. Karen Reppin (Praga: Vitalis, 2020). Uma tradução para o inglês de *Um médico rural*, uma coleção de histórias que Kafka escreveu sobre a Zlatá ulička, pode ser encontrada em *A Hunger Artist and Other Stories*, trad. Joyce Crick (Oxford: Oxford University Press, 2012).

A gralha no papel timbrado da loja do pai de Kafka é descrita no primeiro capítulo da biografia de Max Brod, *Über Franz Kafka* (Frankfurt am Main: S. Fischer, 1993), p. 11, e pode ser vista em Klaus Wagenbach, *Franz Kafka. Bilder aus seinem Leben* (Berlim: Klaus Wagenbach, 2008), p. 40 – nos dois tipos de galhos de árvores. A assinatura e os desenhos a tinta de Kafka podem ser vistos nas capas de duas edições alemãs recentes de suas obras publicadas pela Fischer.

Jiří Votruba explica seus motivos para realizar seu famoso desenho de Kafka em uma entrevista com Brian Kenety, "Graphic (But Not By) Design – Jiří Votruba", *Radio Prague International*, 11 de março de 2005 (english.radio.cz/graphic-not-design-jiri-votruba-8626137). O livro ao qual Votruba se refere é provavelmente o de Hans-Gerd Koch (ed.), *"Als Kafka mir entgegenkam". Erinnerungen an Franz Kafka* (Berlim: Klaus Wagenbach, 2005). Mais informações sobre a carreira de Votruba estão disponíveis em uma entrevista a Ian Willoughby, "Jiří Votruba – Artist Whose Work Helps Form Visitors' Image of Prague", *Radio Prague International*, 16 de outubro de 2013 (english.radio.cz/jiri-votruba-artistwhose-work-helps-form-visitors-image-prague-8545000).

Veronika Tuckerova apresentou os resultados de sua pesquisa em sua tese de doutorado, *Reading Kafka in Prague: The Reception of Franz Kafka between the East and the West during the Cold War*, defendida na Columbia University em 2012. Jean-Paul Sartre, Ernst Fischer e Antonín Novotný são citados na tese de Tuckerova. Complementei a tradução para o inglês da citação da Fischer e modifiquei ligeiramente suas traduções de Sartre e Novotný. Iakov Elsberg é citado em Emily Tall, "Who's Afraid of Franz Kafka? Kafka Criticism in the Soviet Union", *Slavic Review*, 35.3 (1976), pp. 484-503, esp. p. 485. Minha discussão sobre a recepção soviética de Thomas Mann pode ser encontrada em Karolina Watroba, *Mann's Magic Mountain: World Literature and Closer Reading* (Oxford: Oxford University Press, 2022).

A tradução de Paul Wilson do discurso de Havel "On Kafka" foi publicada na *New York Review of Books*, 27 de setembro de 1990, e pode ser acessada on-line: www.nybooks.com/articles/1990/09/27/on-kafka. O discurso de Jaroslav Róna sobre a sua estátua de Kafka pode ser lido aqui: www.ourbeautifulprague.com/franz-kafka-jaroslav-rona. Mais informações podem ser encontradas em duas entrevistas com o escultor: Pavla Horáková, "Eighty Years After His Death, Franz Kafka Finally Has a Statue in Prague", *Radio Prague International*, 1º de setembro de 2004 (english.radio.cz/eighty-years-after-his-death-franz-kafka-finally-has-a-statue-prague-8082061), e Jan Richter, "Sculptor Jaroslav Róna on Kafka, America, and Life in Prague", *Radio Prague International*, 27 de abril de 2009 (english.radio.cz/sculptor-jaroslav-rona-kafka-america-and-life-prague-8585256). A tradução de "Descrição de uma luta" feita por Tania e James Stern está em uma coleção de mesmo título (Nova York: Schocken, 1958).

A memória de Kafka na janela, por Friedrich Thieberger, foi tirada de *"Als Kafka mir entgegenkam". Erinnerungen an Franz Kafka*, pp. 134-5. O currículo e o formulário de candidatura de Kafka podem ser lidos no site da Assicurazioni Generali Corporate Heritage & Historical Archive: heritage.generali.com/en/story-of-a-special-clerk-franz-kafka-at-generali. Seus escritos burocráticos foram editados por Klaus Hermsdorf e Benno Wagner e publicados em alemão como *Amtliche Schriften* (Frankfurt am Main: S. Fisher, 2004). Uma seleção deles está disponível em inglês: *The Office Writings*, trad. Eric Patton e Ruth Heim (Princeton: Princeton University Press, 2009). Adrian McKinty descreveu sua estadia na suíte Franz Kafka em "On Literary Osmosis and the Perils of Trying to Write in Famous Places", *Literary Hub*, 21 de novembro de 2017 (lithub.com/adrian-mckinty-tries-to-get-some-write-done-in-kafkas-old-office). Elana Wolff descreveu sua busca pelo hotel de Kafka em Berlim em "After Kafka in Berlin", *Eclectica Magazine*, janeiro/fevereiro de 2020 (www.eclectica.org/v24n1/wolff.html).

Informações sobre a história do Café Louvre e do Café Slavia podem ser encontradas aqui: www.cafelouvre.cz/en/history e www.cafeslavia.cz/en/about-cafe. A lembrança de Baum do esboço de Kafka sobre a invenção das cafeterias pode ser encontrada em *"Als Kafka mir entgegenkam". Erinnerungen an Franz Kafka*, p. 75. A tradução em inglês foi consultada em Reiner Stach, *Kafka: The Early Years*, trad. Shelley Frisch (Princeton: Princeton University Press, 2017), p. 335.

As citações em inglês de *O veredicto* são de *Franz Kafka, The Metamorphosis and Other Stories*, trad. Joyce Crick (Oxford: Oxford University Press, 2009). Consultei também o original em alemão de *Das Urteil* em Franz Kafka, *Ein Landarzt und andere Drucke zu Lebzeiten* (Frankfurt am Main: S. Fischer, 2008). A carta ao pai é citada de Franz Kafka, *The Sons*, trad. Ernst Kaiser e Eithne Wilkins (Nova York: Schocken, 1989). Dez interpretações da história apresentando dez escolas de teoria literária estão incluídas em Oliver Jahraus e Stefan Neuhaus (eds.), *Kafkas Urteil und die Literaturtheorie. Zehn Modellanalysen* (Stuttgart: Reclam, 2002). A definição de "leitores implícitos" é de Andrew Bennett (ed.), *Readers and Reading* (Abingdon: Routledge, 2013), p. 236. Para uma introdução acessível à teoria da recepção, veja Ika Willis, *Reception* (Abingdon: Routledge, 2018). A citação do romance de Kafka ambientado na América vem de Franz Kafka, *The Man who Disappeared (America)*, trad. Ritchie Robertson (Oxford: Oxford University Press, 2012).

O exame mais extenso das habilidades linguísticas de Kafka, especialmente em tcheco, pode ser encontrado em *Franz Kafkas Sprachen* de Marek Nekula (Tübingen: Max Niemeyer, 2003). Algumas partes desse livro foram traduzidas para o inglês por Robert Russell e Carly McLaughlin e incluídas em *Franz Kafka and His Prague Contexts* de M. Nekula (Praga: Karolinum, 2016). As traduções de Joyce Crick de "Odradek, ou a preocupação do pai de família" e "Diante da lei", podem ser encontradas em Franz Kafka, *A Hunger Artist and Other Stories*. As referências de Kafka a Božena Němcová são discutidas no livro de Nekula, bem como em Hans Dieter Zimmermann, "Franz Kafka liest Božena Němcová", *Brücken*, 15 (2007), pp. 181-92, e Peter Zusi, "Czech

Language and Literature", em *Kafka in Context*, ed. Carolin Duttlinger (Cambridge: Cambridge University Press, 2017), pp. 159-166. A tradução em inglês de "Um conto sem fim" foi retirada de Božena Němcová, *The Disobient Kids and Other CzechoSlovak Fairy Tales*, trad. William H. Tolman e V. Smetánka (Praga: B. Kočí, 1921). Também consultei o original em tcheco em Božena Němcová, *Národní báchorky a pověsti* (Praga: IL Kolber, 1877).

Sobre Ruth Bondy e as graves anotações mantidas na Biblioteca Nacional de Israel, veja Hagit Zimroni, "On Pilgrimage to Franz Kafka", 9 de maio de 2018 (blog.nli.org.il/en/kafka_pilgrimage). Chaim Kočí é citado em Bob Asher, "Jižní Koreu ohromilo dílo Franze Kafky. Nadšení fanoušci cestují přes půl světa k jeho hrobu v Praze", *PrahaIN*, 22 de janeiro de 2023 (www.prahain.cz/zivot-ve-meste/jizni-koreu-ohromilo-dilo-fran-10778.html).

Algumas ideias deste capítulo também são discutidas em Katrin Kohl e Karolina Watroba, "Kafka's Global Afterlives", em *Kafka: Making of an Icon*, ed. Ritchie Robertson (Oxford: Bodleian, no prelo).

4. Jerusalém

Benjamin Balint escreveu sobre os julgamentos de Jerusalém em seu livro *Kafka's Last Trial: The Case of a Literary Legacy* (London: Pan Macmillan, 2018). O artigo de Judith Butler, "Who Owns Kafka?", foi publicado em 3 de março de 2011 na *London Review of Books* (www.lrb.co.uk/the-paper/v33/n05/judith-butler/who-owns-kafka). Max Brod escreveu sobre o anseio por comunidade de Kafka em "Unsere Literaten und die Gemeinschaft", publicado pela primeira vez em *Der Jude* em 1916; é reproduzido em *Franz Kafka. Kritik und Rezeption zu seinen Lebzeiten, 1912-1924* (Frankfurt am Main: S. Fischer, 1979). Dan Miron escreveu sobre Kafka no contexto das literaturas judaicas em *From Continuity to Continuity: Toward a New Jewish Literary Thinking* (Stanford: Stanford University Press, 2010).

Os dois artigos de Iris Bruce que discuto neste capítulo são "What if Franz Kafka Had Immigrated to Palestine?", em *What Ifs of Jewish History: From Abraham to Zionism*, ed. Gabriel D. Rosenfeld (Cambridge: Cambridge University Press, 2016), e "Kafka's Journey into the Future: Crossing Borders into Israeli/Palestinian Worlds", em *Kafka for the Twenty First Century*, eds. Stanley Corngold e Ruth V. Gross (Rochester, NY: Boydell & Brewer, 2011). Atef Botros al-Attar escreveu *Kafka. Ein jüdischer Schriftsteller aus arabischer Sicht* (Wiesbaden: Reichert Verlag, 2009). Um resumo de sua pesquisa em inglês está disponível aqui: www.dohainstitute.org/en/Events/Pages/Franz-kafka-and-Palestine.aspx. O artigo de Jens Hanssen é "Kafka and Arabs", *Critical Inquiry*, 39.1 (2012), pp. 167-97, e as citações do romance de Malek foram retiradas dele. A anotação do diário de Kafka sobre a história é citada de Franz Kafka, *The Diaries of Franz Kafka*, trad. Ross Benjamin (Nova York: Schocken, 2022). Também consultei a edição alemã publicada como parte da *Kritische Ausgabe* de S. Fischer. *Kafka: Judaism, Politics and Literature* de Ritchie Robertson (Oxford, 1987) é um estudo importante da relação de Kafka com a judeidade e o judaísmo.

O livro de Remigiusz Grzela está disponível apenas em polonês: *Bagaże Franza K., czyli podróż, której nigdy nie było* (Varsóvia: Instytut Wydawniczy Latarnik, 2004). Informações sobre o Circo Kafka de Michał Walczak, a adaptação do livro de Grzela para Teatr Żydowski im. Estery Rachel i Idy Kamińskich, pode ser acessada aqui: www.teatr-zydowski.art.pl/spektakle/circus-kafka.

O livro de Jeffrey Shandler é *Yiddish: Biography of a Language* (Oxford: Oxford University Press, 2020). Citações em inglês levemente adaptadas da palestra de Kafka sobre a língua ídiche foram retiradas de *Franz Kafka, Dearest Father: Stories and Other Writings*, trad. Ernst Kaiser e Eithne Wilkins (Nova York: Schocken, 1954). Também consultei a versão alemã incluída na *Kritische Ausgabe* de S. Fischer. Milica Bakić-Hayden escreveu sobre "orientalismos de aninhamento" em "Nesting Orientalisms: The Case of Former Yugoslavia", *Slavic Review*, vol. 54.4 (1995), pp. 917-31.

A lista e a descrição dos manuscritos de Kafka na Biblioteca Bodleian, incluindo os cadernos hebraicos, podem ser encontradas aqui: archives.bodleian.ox.ac.uk/repositories/2/resources/12214. Andreas Kilcher discutiu o desenho do "guardião do limiar" em *Franz Kafka: The Drawings*, trad. Kurt Beals (New Haven: Yale University Press, 2022). As memórias de Kafka de Puah Ben-Tovim estão incluídas em *"Als Kafka mir entgegenkam". Erinnerungen an Franz Kafka*, ed. Hans-Gerd Koch (Berlim: Klaus Wagenbach, 2005). A tradução para o inglês da carta de Kafka para ela foi retirada de Mark Nekula, *Franz Kafka and His Prague Contexts*, trad. Robert Russell e Carly McLaughlin (Praga: Karolinum, 2016). Uma análise linguística dessa carta, incluindo os erros que Kafka comete, pode ser encontrada no artigo de David Suchoff, "Franz Kafka, Hebrew Writer: The Vaudeville of Linguistic Origins", in *Nexus 1: Essays in German Jewish Studies*, ed. William Collins Donahue e Martha B. Helfer (Rochester, NY: Boydell & Brewer, 2011), e seu livro *Kafka's Jewish Languages: The Hidden Openness of Tradition* (Filadélfia: University of Pennsylvania Press, 2012). Alfred Bodenheimer, editor da próxima edição dos escritos hebraicos de Kafka, publicou dois artigos sobre eles: "A Sign of Sickness and a Symbol of Health: Kafka's Hebrew Notebooks", em *Kafka, Zionism, and Beyond*, ed. Mark H. Gelber (Tübingen: Max Niemeyer, 2004), e "Kafkas Hebräischstudien. Gedanken zur Magie der Mitte und zur Fragmentierung sprachlichen Denkens", em *Schrift und Zeit in Franz Kafkas Oktavheften*, eds. Caspar Battegay, Felix Christen e Wolfram Groddeck (Göttingen: Wallstein, 2010).

Informações sobre a peça *The Hebrew Notebook* de Ruth Kanner podem ser encontradas aqui: www.ruthkanner.com/en/show/1418. Sou grata a Shira Yovel, diretora administrativa do Ruth Kanner Theatre Group, por realizar uma exibição da peça para mim. Freddie Rokem escreveu sobre ela em dois artigos: "The Hebrew Notebook – And Other Stories by Franz Kafka. A Work of 'Speech Theatre' by the Ruth Kanner Theatre Group", em *Thewis* (2017): www.theater-wissenschaft.de/artikel-the-hebrew-notebook-and-other-stories-by-franz-kafka, e "Before the Hebrew Notebook: Kafka's Words and Gestures in Translation", em *The German-Hebrew Dialogue: Studies of Encounter and Exchange*, eds. Amir Eshel e Rachel Seelig (Berlim: De Gruyter, 2018).

O livro de Sander Gilman é *Franz Kafka, The Jewish Patient* (Nova York: Routledge, 1995). O apartamento de Kafka na época da escrita de "O grande ruído" e *A metamorfose* é descrito em Harald Salfellner, *Franz Kafka und Prag* (Praga: Vitalis, 2003). A tradução para o inglês de "O grande ruído" é citada de Franz Kafka, *The Diaries of Franz Kafka*, trad. Ross Benjamin (Nova York: Schocken, 2022). As citações de *O processo* foram retiradas da seguinte edição: Franz Kafka, *The Trial*, trans. Mike Mitchell (Oxford: Oxford University Press, 2009). Também consultei a versão alemã: Franz Kafka, *Der Proceß. Roman in der Fassung der Handschrift* (Frankfurt am Main: S. Fischer, 2017).

Sobre a recepção de Kafka na França, veja John T. Hamilton, *France/Kafka: An Author in Theory* (New York: Bloomsbury, 2023). A reportagem de jornal de Kafka na Itália é "Aeroplanes in Brescia", em Franz Kafka, *Metamorphosis and Other Stories*, trad. Michael Hofmann (Londres: Penguin, 2020). Sobre a recepção de Kafka na Itália, veja Saskia Elizabeth Ziolkowski, *Kafka's Italian Progeny* (Toronto: University of Toronto Press, 2020). Sobre os Muir, bem como alguns dos outros tradutores de Kafka, incluindo Milena Jesenská, consulte Michelle Woods, *Kafka Translated: How Translators Have Shaped our Reading of Kafka* (New York: Bloomsbury, 2014). Sobre Kafka e Borges, veja Sarah Roger, *Borges and Kafka: Sons and Writers* (Oxford: Oxford University Press, 2017), e Alberto Manguel, "Borges Reads Kafka", *Variaciones Borges*, 46 (2018), pp. 61-76. A citação de "A loteria em Babilônia" é de Jorge Luis Borges, *Collected Fictions*, trad. Andrew Hurley (Nova York: Penguin, 1998), pp. 101-106.

O livro de Seloua Luste Boulbina é *Kafka's Monkey and Other Phantoms of Africa*, trad. Laura Hengehold (Bloomington, Indiana: Indiana University Press, 2019). Mark Christian Thompson teceu comentários em seu livro, *Kafka's Blues: Figurations of Racial Blackness in the Construction of an Aesthetic* (Evanston, Illinois: Northwestern University Press, 2016), em uma entrevista com Bret McCabe: hub.jhu.edu/magazine/2017/summer/mark-christian-thompson-new-reading--on-kafka. O romance de A. Igoni Barrett é *Blackass* (Londres: Chatto & Windus, 2015). Um trecho da tradução de Phoebe Bay Carter de *Kafka in Tangier* de Mohammed Said Hjiouij foi publicado pela *ArabLit Quarterly*: arablit.org/2021/12/20/new-an-excerpt-of-mohammed-said--hjiouijs-kafka-in-tangier. O livro *Mr K Released* de Matéi Visniec foi publicado na tradução de Jozefina Komporaly pela Seagull em 2020. A informação sobre a recepção de Kafka na Índia foi retirada do artigo de Faizal Khan publicado no site do Goethe-Institut de 2019: www.goethe.de/ins/bd/en/kul/art/vrw/21678297.html. As informações sobre o Unfolding Kafka Festival foram retiradas do seu site: www.unfoldingkafkafestival.com.

5. Seul

Para as romanizações de nomes coreanos, chineses e japoneses, segui as convenções estabelecidas em publicações em língua inglesa para cada autor.

"Samsa in Love", de Haruki Murakami, trad. Ted Goossen, foi publicado na *New Yorker* em 21 de outubro de 2013: www.newyorker.com/magazine/2013/10/28/samsa-in-love. A recomendação irônica do livro de Elif Batuman pode ser encontrada aqui: content.time.com/time/specials/packages/article/0,28804,2000447_2000458_2000476,00.HTML.

As cartas para Felice Bauer são citadas de Franz Kafka, *Letters to Felice*, trad. James Stern e Elisabeth Duckworth (Nova York: Schocken, 1973). Sobre Kafka e a China, veja Rolf J. Goebel, *Constructing China: Kafka's Orientalist Discourse* (Columbia: Camden House, 1997), e Yanbing Zeng, *Franz Kafka and Chinese Culture*, trad. Yuan Li (Singapura: Palgrave Macmillan, 2022). Can Xue falou sobre Kafka em uma entrevista a Dylan Suher, traduzida por Joan Hua, no *Asymptote*: www.asymptotejournal.com/interview/an-interview-with-can-xue/.

O livro de Yoko Tawada é citado na tradução de Susan Bernofsky: *Memoirs of a Polar Bear* (Londres: Portobello, 2017). A versão alemã tem um título diferente: *Etüden im Schnee* ("Estudos em Neve"). "Josefina, a cantora ou o povo dos camundongos" é citado de Franz Kafka, *A Hunger Artist and Other Stories*, trad. Joyce Crick (Oxford: Oxford University Press, 2012). Também consultei a versão alemã: "Josefine, die Sängerin oder Das Volk der Mäuse", em Franz Kafka, *Ein Landarzt und andere Drucke zu Lebzeiten* (Frankfurt am Main: S. Fisher, 2008). Sobre a estrutura dos paradoxos de Kafka, veja Gerhard Neumann, "Umkehrung und Ablenkung: Franz Kafkas 'Gleitendes Paradox'", *Deutsche Vierteljahrsschrift für Literaturwissenschaft und Geistesgeschichte*, 42 (1968), pp. 702-744. O *dictum* de Marcel Duchamp está citado em Louis Aragon et al. (eds.), *Dictionnaire abrégé du surréalisme* (Paris: J. Corti, 1969), p. 23. Tawada comentou da importância de Kafka em seu próprio trabalho e sua popularidade na Ásia oriental em entrevista com Claire Horst em 2009: heimatkunde.boell.de/de/2009/02/18/fremd-sein-ist-eine-kunst-interview-mit-yoko-tawada. A bibliografia da literatura secundária sobre Kafka mencionada neste capítulo é Maria Luise Caputo-Mayr e Julius M. Herz (eds.), Franz Kafka. *Internationale Bibliographie der Primär und Sekundärliteratur / International Bibliography of Primary and Secondary Literature* (Munique: Saur, 2000), p. xxii.

"Uma mensagem imperial" é citado de Franz Kafka, *A Hunger Artist and Other Stories* (Oxford: Oxford University Press, 2012), tradução de Joyce Crick 2012. Reproduzida com permissão do Licenciante através do PLSclear. Também consultei a versão alemã: "Eine kaiserliche Botschaft" em Franz Kafka, *Ein Landarzt und andere Drucke zu Lebzeiten* (Frankfurt am Main: S. Fischer, 2008). Um esboço da recepção de Kafka na Coreia por Lee Yu-sun e Mok Seong-sook, "Kafka in Korea", publicado em 2014 como parte do livro *Kafka-Atlas* de Ekkehard W. Haring, está disponível aqui (em alemão): www.kafka-atlas.org/src/docs/beitraege/7a620_Kafka%20in%20Korea.pdf. O poema de Oh Kyu-won na tradução de Shyun J. Ahn está disponível aqui: ahntranslation.com/2017/06/24/franz-kafka-oh-kyu-won/. Tradução para o inglês reproduzida com permissão de Shyun J. Ahn. O romance de Gu Byeong-mo, *The Old Woman with the Knife*, na tradução de Chi-Young Kim, foi publicado pela Canongate em 2022.

Sobre a "K-update" do *OED*, consulte aqui: oed.com/discover/daebak-ak-update. Sobre literatura e a onda coreana, veja Jenny Wang Medina, *From Tradition to Brand: The Making of 'Global' Korean Culture in Millennial South Korea*, tese de doutorado, Columbia University, 2015, bem como Wang Medina, "At the Gates of Babel: The Globalization of Korean Literature as World Literature", *Acta Koreana*, 21.2 (2018), pp. 395-422, e Wang Medina, "Global Korea and World Literature", in Heekyoung Cho (ed.), *The Routledge Companion to Korean Literature* (Abingdon: Routledge, 2022). Sobre a missão e o orçamento do Instituto de Tradução de Literatura da Coreia, veja www.ltikorea.or.kr/en/contents/about_inst_1/view.do e www.ltikorea.or.kr/upload/bizyearbook/20220407173109982405.pdf. A adoção do termo "K-lit" pelo Ministério da Cultura, Desporto e Turismo da Coreia do Sul é discutida por Bo-Seon Shim em "A 'K' To Bridge Korea and the World: The State-Led Formulation of K-Lit and Its Contradictions", *International Journal of Asian Studies*, 20.1 (2023), pp. 57-76. Um resumo do relatório da Nielsen Book Scan sobre vendas de ficção traduzida em 2015 pode ser encontrado aqui: www.thebookseller.com/news/sales-translated-fic-grow-96-328500. Kyung-Sook Shin, cujo romance *Please Look After Mom* na tradução de Chi-Young Kim foi publicado pela Knopf em 2011, falou sobre Kafka aqui: www.bananawriters.com/kyungsookshin.

Kim Jiyoung, Born 1982, de Cho Nam-joo, na tradução de Jamie Chang, foi publicado pela Scribner em 2020 e resenhado por Euny Hong no *The New York Times*: www.nytimes.com/2020/04/14/books/review/kim-jiyoung-born-1982-cho-nam-joo.html. Sobre a disparidade salarial entre homens e mulheres e a baixa taxa de fertilidade na Coreia do Sul, veja www.oecd.org/country/korea/thematic-focus/gender-equality-korea-has-come-a-long-way-but-there-is-more-work-to-do-8bb81613 e www.theguardian.com/world/2023/feb/22/south-koreas-birthrate-sinks-to-fresh-record-low-as-population-crisis-deepens, respectivamente.

No Reino Unido, *The Vegetarian*, de Han Kang, na tradução de Deborah Smith, foi publicado pela Portobello em 2015. Foi descrito como "kafkiano" ou comparado às obras de Kafka por sua editora norte-americana (www.penguinrandomhouse.com/books/250333/the-vegetarian-by-han-kang), o juiz do Man Booker Prize internacional Boyd Tonkin (www.theguardian.com/books/booksblog/2016/may/18/kafkaesque-a-word-so-overused-it-has-lost-all-meaning), o resenhista do *The New York Times* Porochista Khakpour (www.nytimes.com/2016/02/07/books/review/the-vegetarian-by-han-kang.html), o resenhista da *Oprah Network*, Dotun Akintoye (www.oprah.com/book/translated-books-the- vegetarian?editors_pick_id=61882), e *Seul* da Lonely Planet por Thomas O'Malley e Phillip Tang, p. 204, entre outros. Sabine Peschel inquiriu Han Kang sobre Kafka em uma entrevista intitulada "Korea's Kafka?", publicada pela Deutsche Welle em 9 de dezembro de 2016: www.dw.com/en/koreas-kafka-man-booker-winner-han-kang-on--why-she-turns-a-woman-into-a-plant/a-19543017. Dominic O'Key comentou a apresentação de *The Vegetarian* como um "neto" do trabalho de Kafka em "Han Kang's The Vegetarian and the International Booker Prize: Reading With and Against World Literary Prestige", *Textual Practice*, 36,8 (2022), pp. 1262-88. Sooyun Yum comentou a recepção de *The Vegetarian* em uma entrevista com Lee Yew Leong no *Asymptote*: www.asymptotejournal.com/special-feature/an-interview-with-sooyun-yum-literature-translation-institute-of-korea/.

Kim Young-ha falou sobre sua admiração por Kafka aqui: ch.yes24.com/Artigo/Visualizar/12951; sua palestra no TED está disponível aqui: www.ted.com/talks/young_ha_kim_be_an_artist_right_now/transcript.

Sobre a "lenda de Kafka" no mundo editorial japonês, veja Takako Fujita, "Die Verwandlung der Literatur durch Übersetzung. Glücksfall und Unglücksfall", em Ernest WB Hess-Lüttich e Joachim Warmbold (eds.), *Empathie und Distanz. Zur Bedeutung der Übersetzung aktueller Literatur im interkulturellen Dialog* (Frankfurt am Main: Peter Lang, 2009), pp. 119-28 (esp. p.

121). Merriam-Webster relatou o aumento nas pesquisas pela palavra "Kafkaesque" aqui: www.merriam-webster.com/news-trend-watch/kafkaesque-2016-05-17.

A maioria das citações da novela de Bae Suah foi tirada de Bae Suah, *Milena, Milena, Ecstatic*, trad. Deborah Smith (Norwich: Strangers Press, 2019). Também consultei a versão coreana: *Millena, Millena, Hwangholhan* (Seul: Theoria, 2016). Optei por incluir citações das cartas de Kafka a Jesenská que aparecem na novela de Bae em uma tradução levemente adaptada de Franz Kafka, *Letters to Milena*, trad. Philip Boehm (Nova York: Schocken, 1990), e não da tradução de Deborah Smith. Como as cartas atravessaram vários idiomas, alguns erros, não presentes no coreano, parecem ter se infiltrado no inglês de Smith: ela data a carta de 14 de julho como 17 de julho e traduz o "*i*" ("e") tcheco como "eu".

Erica Nardozzi falou sobre Kafka no TikTok para o *Daily Mail* em 10 de fevereiro de 2023: www.dailymail.co.uk/femail/article-11737477/Franz-Kafka-unlikely-HEARTTHROB-TikTok. Os comentários de Bae sobre as suas protagonistas femininas, o xamanismo e a Mongólia são de uma entrevista para a *White Review* de março de 2017, trad. Débora Smith: www.thewhitereview.org/feature/interview-bae-suah. O diagnóstico de Jesenská é citado em Reiner Stach, *Kafka: The Years of Insight*, trad. Shelley Frisch (Princeton: Princeton University Press, 2015), p. 325. Sobre as cartas de Kafka, veja Julian Preece, "The Letters and Diaries", em *The Cambridge Companion to Franz Kafka*, ed. Preece (Cambridge: Cambridge University Press, 2002), pp. 111-130. Sobre as cartas de Bauer, veja o posfácio editorial de Hans-Gerd Koch em *Briefe an Felice Bauer* (Frankfurt am Main: S. Fischer, 2015).

Coda

O livro de Mark Coeckelbergh é *The Political Philosophy of AI* (Cambridge: Polity, 2022). O livro de Max Tegmark é *Life 3.0: Being Human in the Age of Artificial Intelligence* (London: Allen Lane, 2017). O artigo de Stephen Cave foi publicado no *Guardian* em 4 de janeiro de 2019: www.theguardian.com/commentisfree/2019/jan/04/future-democratise-ai-artificial-intelligence-power.

O artigo de Stephen Marche sobre seus experimentos com o Sudowrite foi publicado na *New Yorker* em 30 de abril de 2021: www.newyorker.com/culture/cultural-comment/the-computers-are-getting-better-at-writing. A OpenAI descreve o GPT-4 e seus recursos, em comparação com o GPT-3, aqui: openai.com/research/gpt-4. A entrada do diário de Kafka é citada de Franz Kafka, *The Diaries of Franz Kafka*, trad. Ross Benjamin (Nova York: Schocken, 2022).

Sobre a "VRwandlung", veja Tomaš Moravec, "Kafka ve virtuální realitě", www.goethe.de/ins/cz/cs/kul/mag/21150235.html, traduzido por Faith Ann Gibson aqui: www.goethe.de/en/uun/pub/akt/g18/21150235.html. As cartas para Felice Bauer são citadas de Franz Kafka, *Letters to Felice*, trad. James Stern e Elisabeth Duckworth (Nova York: Schocken, 1973). Jay Kreps, o criador do Apache Kafka, respondeu à pergunta "Qual é a relação entre Kafka, o escritor, e Apache Kafka, o sistema de mensagens distribuídas?" no Quora.com: www.quora.com/What-is-the-relation-between-Kafka-the-writer-and-Apache-Kafka-the-distributed-messaging-system/answer/Jay-Kreps. Berthold Franke é citado no relato da Economist sobre "VRwandlung", "Is Literature Next in Line for Virtual-reality Treatment?", em 8 de março de 2018: www.economist.com/books-and-arts/2018/03/08/is-literature-next-in-line-for-virtual-reality-treatment.

A biografia de Dora Diamant por Kathi Diamant é *Kafka's Last Love: The Mystery of Dora Diamant* (London: Secker & Warburg, 2003). Informações sobre o Kafka Project, incluindo seus relatórios intermitentes, podem ser encontradas aqui: kafka.sdsu.edu.

Embora tenham sido empregados todos os esforços para contatar os detentores dos direitos autorais para os textos citados, o editor e os editores ficarão gratos por informações sempre que não tiverem conseguido localizá-las e satisfeitos em fazer as alterações em edições futuras.

Citações da edição brasileira

Citações de *O processo*: KAFKA, Franz. *O processo*. Trad. Modesto Carone. São Paulo: Companhia de Bolso, 2011.
Citações de *A metamorfose, aforismos, contos*: KAFKA, Franz. *Essencial*. Trad. Modesto Carone. São Paulo: Penguin: Companhia, 2011.
Citações dos diários de Kafka: Tradução desta edição.
Citação de "O foguista", "Contemplação", "O desejo de se tornar índio": KAFKA, Franz. *Contemplação e O foguista*. 2. ed. Trad. Modesto Carone. São Paulo: Brasiliense, 1994.
Citação de "Durante a construção da muralha da China": KAFKA, Franz. *Narrativas do espólio (1914-1924)*. Trad. Modesto Carone. São Paulo: Companhia das Letras, 2002.
Citação de "Diante da lei", "Uma mensagem imperial", "A preocupação do pai de família", "Um relatório para uma Academia": KAFKA, Franz. *Um médico rural*: pequenas narrativas. 3. ed. Trad. Modesto Carone. São Paulo: Brasiliense, 1994.
Citação de "Josefina, a cantora ou O povo dos camundongos": KAFKA, Franz. *Um artista da fome e A construção*. 4. ed. Trad. Modesto Carone. São Paulo: Brasiliense, 1991.
Citação de "Carta ao pai": KAFKA, Franz. *Carta ao pai*. Trad. Modesto Carone. São Paulo: Companhia das Letras, 2009.

AGRADECIMENTOS

Gostaria de agradecer a todas as pessoas – estudantes, colegas, amigos, conhecidos e, ocasionalmente, estranhos – com quem tive muitas conversas interessantes sobre Kafka ao longo dos anos.

Estou em dívida com Conor Brennan, Niamh Burns, Rajendra Chitnis, Carolin Duttlinger, Rita Felski, Adriana X. Jacobs, Haneul Lee, Julia Peck, Jiyoung Shin e Tanvi Solanki, que leram partes do manuscrito e ofereceram *feedback* útil e incentivo valioso, e em particular Ritchie Robertson, que leu todo o manuscrito e cujo gentil interesse pelas minhas ideias tem sido uma grande fonte de apoio.

Sou muito grata ao meu agente, Chris Wellbelove, e à sua equipe na Aitken Alexander Associates, bem como à minha editora, Cecily Gayford, e à sua equipe na Profile Books. Foi um prazer trabalhar e aprender com vocês.

Tive a ideia deste livro, escrevi-o e levei-o à publicação durante um período de cinco anos de bolsa de pesquisa no All Souls College. É difícil imaginar uma comunidade mais inspiradora e solidária para empreender um projeto como este. Gostaria também de agradecer o apoio da Academia Britânica, cujo Prêmio de Desenvolvimento de Talentos 2022–2023 me ajudou a realizar a pesquisa que sustenta a discussão sobre a recepção de Kafka na Coreia.

Como sempre, o maior agradecimento vai para Kacper Kowalczyk: sem você eu nunca teria tentado, muito menos terminado este livro.

**Acreditamos
nos livros**

Este livro foi composto em Adobe Garamond
Pro e impresso pela Gráfica Santa Marta para a
Editora Planeta do Brasil em agosto de 2024.